BERLIN

Die Abbildungen auf den vorangegangenen Seiten zeigen:
The photographs on the previous pages show:
Les images sur les pages précédantes montrent:

Blick auf Havel und Pfaueninsel
View of the Havel and Peacock Island
Vue sur la Havel et l'Ile aux paons

Blick auf Berlins Mitte mit der Museumsinsel
View of the city centre and Museum Island
Vue sur le centre-ville avec l'île des musées

Typische Wohnquartiere aus der Gründerzeit
Typical late 19th century housing complex
Quartiers résidentiels typiques de la fin du 19ᵉ siècle

Im Schloßpark Charlottenburg
In Charlottenburg Palace grounds
Jardins du Château de Charlottenburg

BERLIN

Fotografiert von
Manfred Hamm und
Günter Schneider

Mit einem Essay von
Hagen Schulze

Ullstein
Nicolai

Die Weltstadt auf dem Sand

I

Märkische Sandwüste, bedeckt von Heideflächen und dunklen Kiefernwäldern, mit Seen gesprenkelt. Grund- und Endmoränenlandschaft, durchzogen von einem eiszeitlichen Urstromtal. Eine weite, sumpfige Niederung, die die Hochfläche des Teltow im Süden von der des Barnim im Norden trennt. An einer Stelle verengt sich das Tal, die Abhänge verlaufen so flach, daß auch schwere Ochsenkarren hinab- und auf der anderen Seite hinaufgelangen können, und eine Insel in der schwer passierbaren Spree erleichtert den Übergang.

Die Händler, die im Hochmittelalter auf der alten Fernstraße von Magdeburg zur Oder unterwegs sind, durchqueren eine dünn besiedelte Landschaft. Wer sich hier niederläßt, bleibt nicht für die Dauer. Die germanischen Semnonen und Burgunden sind seit dem vierten Jahrhundert gen Süden weitergezogen, die nachdrängenden slawischen Stämme besetzen andere Furten: Spandau, Köpenick. Die Siedlung am Spree-Übergang dagegen, dort, wo heute die Mühlendamm-Brücke den Molkenmarkt mit der Gertraudenstraße verbindet, ist jünger. Hier leben Kolonisten, die seit der zweiten Hälfte des 12. Jahrhunderts den Heeren der askanischen Markgrafen in das Spree- und Havel-Land gefolgt sind, aus dem Schwabengau zwischen Harz und Thüringer Wald, vom Niederrhein und aus Flandern. Die neue Kolonialsiedlung am südlichen Spree-Ufer heißt »Cölln«, das Gemeinwesen auf der anderen Seite der Furt »Berlin«.

Die Lage an der wichtigen Kreuzung von Fernhandelswegen und Wasserstraßen macht die Doppelstadt zum Handelsknotenpunkt zwischen Leipzig und Ostsee, Magdeburg und Polen, Hamburg und Rußland. Wer weiß noch, daß Berlin als Kaufmannsstadt seine erste Blüte erlebte, als Mitglied der Hanse und souveräner Partner der brandenburgischen Markgrafen. Die mittelalterliche Gerichtslaube, im Nikolai-Viertel heute mehr schlecht als recht wiederaufgebaut, symbolisiert die frühe rechtlich-politische Selbständigkeit der Berliner Bürger.

Das ändert sich mit der Belehnung der fränkischen Hohenzollern mit der Markgrafen- und Kurwürde durch König Sigismund im Jahr 1415. Die neuen Kurfürsten begnügen sich nicht mehr damit, die Macht des landständischen Adels zu brechen, sondern gehen daran, ihre landeshoheitlichen Rechte auf Kosten der märkischen Städte zu erweitern. Ein Umsturz des Berliner Stadtregiments gibt 1442 dem Markgrafen Friedrich II., genannt

The metropolis built on sand

I

Sandy wastes in the Brandenburg March, covered with heaths, dark pine forests and interspersed with lakes. A wide swampy landscape traversed by a glacial valley; a broad stretch of marshland separating the Teltow plateau in the south from the Barnim plateau in the north. At one point where the valley narrowed, the flanking slopes were gentle enough for ox-carts to reach the River Spree where an island eased the difficult crossing.

The traders of the High Middle Ages using the old highway from Magdeburg to Oder passed through sparsely populated countryside. Whoever settled here lingered only a short while. The Germanic Semnons and the Burgundians had moved further south by the fourth century. Their successors were slavonic tribes who occupied other fording points such as Spandau and Köpenick. However, the settlement at the crossing where today the Mühlendamm Bridge connects the Molkenmarkt with Gertraudenstrasse came later. It was colonized from the second half of the 12th century onwards by settlers who followed the armies of the Asconian margraves into the country around the Spree and Havel. They originated from »Schwabengau«, an area between the Harz Mountains and the Thuringian Forest, and from the Lower Rhine and Flanders. The new colony on the southern bank became known as »Cölln«, the one on the northern side of the ford was called »Berlin«.

The location of these twin settlements at a major road and waterway intersection promoted their rise to a centre of commercial activity between Leipzig and the Baltic Sea, Magdeburg and Poland, Hamburg and Russia. Few people remember that Berlin first flourished as a merchant town, as a member of the Hanseatic League and as a sovereign partner of the Brandenburg margraves. The medieval town court, hastily reconstructed in the Nikolai Quarter, acts as a symbolic reminder of the early judicial and political independence of Berlin's burghers.

The situation changed with feudalization when the Franconian Hohenzollerns were awarded margrave status and electoral rights by King Sigismund in 1415. The new Prince Electors, no longer content with simply breaking the power of the landed aristocracy, began extending their power at the expense of the Brandenburg towns. When Berlin's municipal government fell in 1442, the margrave Frederick II, known as »Eisenzahn«, welcomed the pretext to assume power. The council of the old-established

Métropole sur une mer de sable

I

La Marche de Brandebourg, désert de sables recouvert de landes et de sombres forêts de pins, jonchée de lacs. Paysage morainique traversé par une vallée glaciaire. Vaste plaine marécageuse séparant le plateau de Teltow au Sud de celui de Barnim au Nord. A un endroit, la vallée se resserre, les versants vont en pente douce, permettant même aux lourdes charrettes à boeufs d'accéder de l'autre côté; dans la Sprée, difficile à franchir, une île facilite le passage.

Les marchands du haut Moyen-âge qui empruntent la vieille voie reliant Magdebourg à l'Oder, parcourent une région peu peuplée car ceux qui s'y installent n'y restent pas longtemps. Les ethnies germaniques – Suèves et Burgondes – se sont déplacées vers le Sud depuis le quatrième siècle alors qu'à leur suite les Slaves occupèrent d'autres endroits à proximité des gués: Spandau, Köpenick. Plus tard seulement, les colons s'installent au point de passage de la Sprée, là où le pont de Mühlendamm relie aujourd'hui le Molkenmarkt à la Gertraudenstrasse; venant de la région de la Souabe située entre le Harz et la forêt de Thuringe, du Bas-Rhin et des Flandres, ces colons ont suivi depuis la seconde moitié du 12e siècle les armées des margraves askaniens jusque dans les landes de la Havel et de la Sprée. Sur la rive sud de la Sprée, la nouvelle colonie porte le nom de »Cölln«, de l'autre côté du gué, la bourgade s'appelle »Berlin«.

Au carrefour important des grandes voies marchandes et des artères fluviales, la double cité devient vite la plaque tournante du commerce entre Leipzig et la mer Baltique, Magdebourg et la Pologne, Hambourg et la Russie. Qui sait encore aujourd'hui que Berlin a connu son premier essor de centre commercial en tant que membre de la Hanse et partenaire souverain des margraves de Brandebourg? Dans le quartier Nikolai, les arcades du tribunal médiéval qui ont été plus ou moins bien reconstituées aujourd'hui, symbolisent la précocité de l'autonomie juridico-politique des citoyens berlinois.

La situation se modifie lorsque l'Empereur Sigismond confère le margraviat à un Hohenzollern franconien et l'investit solennellement de ses fonctions d'Electeur en 1415. Les nouveaux Electeurs ne se contentent pas de casser les pouvoirs de la noblesse provinciale mais développent leur souveraineté territoriale au détriment des villes de la Marche. En 1442, le margrave Frédéric II profite d'un renversement du gouvernement de la ville pour prendre les commandes. Le règne des vieilles familles fait place à

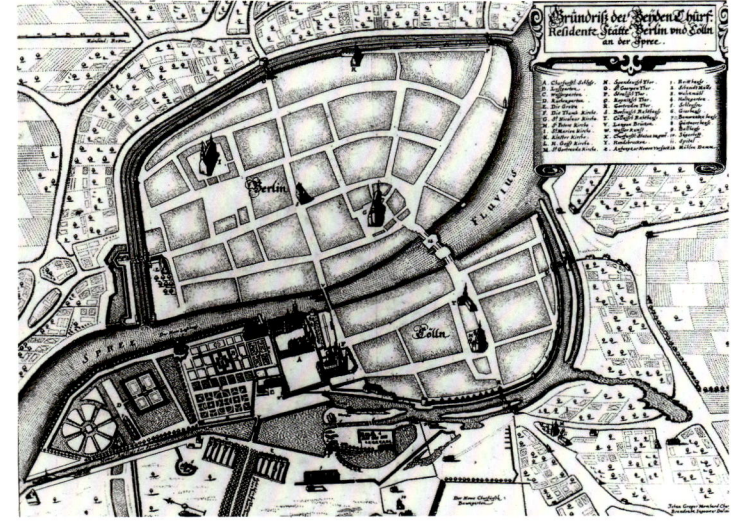

Die Doppelstadt Berlin-Cölln.
Stadtplan von Johann Gregor Memhardt, um 1650

The twin-town of Berlin-Cölln.
Map by Johann Gregor Memhardt, about 1650

La double cité Berlin-Cölln.
Plan de Johann Gregor Memhardt, vers 1650

Das Berliner Stadtschloß, bis 1918 Residenz der Hohenzollern, im Krieg schwer beschädigt und 1951 abgetragen

Berlin Palace, the Hohenzollern residence until 1918, badly damaged during the war and dismantled in 1951

Le Château de la ville de Berlin, résidence des Hohenzollern jusqu'en 1918, gravement endommagé pendant la guerre et rasé en 1951

Die Prachtstraße »Unter den Linden«. Kupferstich um 1820

The boulevard »Unter den Linden«. Engraving, about 1820

Le grand boulevard »Unter den Linden«. Gravure sur cuivre, vers 1820

Eisenzahn, den Vorwand, das Heft in der Stadt zu übernehmen. Anstelle der Herrschaft der alten Ratsgeschlechter tritt die des Landesherrn. Die freie Hansestadt wandelt sich zur kurfürstlichen Residenz. Nicht mehr das Rathaus, sondern das Schloß bildet jetzt den Punkt, auf den alles in der Stadt ausgerichtet ist. Aufgabe der Stadt ist es nun, den Hof und die kurfürstlichen Bediensteten zu versorgen. Der Fernkaufmann wird vom Hoflieferanten verdrängt, der Rat der Stadt ist zu einer fürstlichen Unterbehörde hinabgesunken. Es herrscht ein ständiges Kommen und Gehen von Geistlichen, Gelehrten, Baumeistern, Bauhandwerkern, Kunsthandwerkern, die für den Hof produzieren, vornehmlich aus Sachsen, weshalb das bislang gesprochene niederdeutsche Platt durch die bis heute dominierende meißnisch-sächsische Mundart verdrängt wird. Dazu sind mit den Hohenzollern die Franken gekommen, die am Hof eine wichtige Rolle spielen. Assimilation, Toleranz und eine gewisse Weltoffenheit werden zu Bestandteilen des städtischen Lebens.

II

Als 1701 Friedrich I., soeben in Königsberg zum König in Preußen gekrönt, in seine Residenzstadt Berlin einzieht, bietet der kurze Weg vom Georgentor bis zum Schloß genügend Platz für die jubelnden Cöllner und Berliner. Etwa dreißigtausend leben derzeit links und rechts der Spree. An Einwohnern gemessen steht Berlin unter den Städten des Reiches an achter Stelle, und das hauptsächlich dank der französischen Hugenotten, Orangeois, Welsch-Schweizer und Wallonen, die seit dem Potsdamer Toleranzedikt von 1685 in die Stadt geströmt sind, weil sie hier ihren Glauben frei bekennen können. Die Muttersprache eines Viertels der Einwohner ist Französisch. Der Glanz der Residenz hält sich in Grenzen. Immerhin sind seit kurzem die wichtigsten Straßen gepflastert, Misthaufen und Schweinekoben findet man nur noch vor den niedrigen, strohgedeckten Häusern in den Nebenstraßen, während die Hauptstraßen bereits hier und da von geschlossenen zwei- und dreistöckigen Häuserfronten gesäumt sind. Unter den Hauptstädten des Reiches wie Europas ist Berlin ein junger Aufsteiger, ganz wie die preußische Monarchie.

Hundertsiebzig Jahre später reitet Wilhelm I., in Versailles zum Deutschen Kaiser ausgerufen, an der Spitze seiner Garde-Regimenter in die Hauptstadt Preußens und des neuen Reiches ein. Nichts erinnert mehr an das Berlin, welches einst der erste preußische König vor Augen hatte. Die Zahl der Einwohner nähert sich der Million, die alte Konkurrentin Wien ist überholt, und soweit die deutsche Sprache reicht, hat die Stadt an Größe und Pracht nicht ihresgleichen. Doch es ist eine Pracht, die den Reichtum aufdringlich zur Schau trägt. Kaum ein Ort

families gave way to princely rule. The independent Hansa town was transformed into the residence of the Prince Elector and life began to concentrate around the palace instead of the council house. The town's new task was to support the court and its entourage. Merchants had to make way for court suppliers and the council became a subordinate body. There was much coming and going of clergymen, scholars, master builders, architects and artisans, all working or producing for the court. They mainly came from Saxony which explains why the traditionally spoken Lower-German »Platt« was replaced by a Meissen-Saxonian dialect which predominates to this day. In addition to the Hohenzollerns came the Franconians who played an important role at court. Assimilation, tolerance and a certain cosmopolitanism became an integral part of town life.

II

In 1701, when Frederick I returned from Königsberg, fresh from his coronation as King in Prussia, and entered his residence of Berlin, the route between the Georgen Gate and the palace easily accommodated the cheering inhabitants of both Cölln and Berlin. At that time the population totalled about thirty thousand making the town the eighth largest in the German Empire. This growth was mainly due to the large influx of French Hugenots, Orangeois, French-Swiss and Walloons since the introduction of the Potsdam Toleration Act in 1685 which granted confessional freedom. The mother tongue of a quarter of the population was French. The residence's splendour was subdued. Nevertheless, the major roads had recently been cobbled, manure heaps and pigsties had disappeared into the side streets, near the low, thatched cottages, and the main streets were already partially lined with buildings two to three storeys high. Compared with the other German imperial and European capitals Berlin was a relatively young ascendant, as was the Prussian monarchy.

A hundred and seventy years later William I, crowned German Kaiser at Versailles, rode at the head of his Regiments of Guards into what was now the capital of both Prussia and the newly formed Reich. The city bore no reminders of the first Prussian king's era. The population had risen to almost a million, surpassing that of its old rival, Vienna. No German speaking city could compare with the size and splendour of Berlin. But the essence of this splendour was an ostentatious display of wealth. Apart from a few monuments and the brief stretch between the palace and the Brandenburg Gate, which Frederick I himself no longer would have recognized, little remained in Berlin to remind one of its earlier history.

Berlin has traditionally avoided the patina of history as

celui du Souverain. La ville hanséatique libre se transforme en résidence princière. Ce n'est plus l'hôtel de ville mais le château qui constitue le centre de gravité de toutes les fonctions de la ville. A celle-ci de servir la Cour et l'entourage de l'Electeur. Le marchand est supplanté par le fournisseur de la Cour, le Conseil de la ville ne joue plus qu'un rôle administratif subalterne. C'est un va-et-vient perpétuel de gens œuvrant pour la Cour – écclésiastiques, savants, architectes, bâtisseurs, artisans d'art – venant principalement de Saxe, ce qui explique le recul progressif du bas-allemand au profit du dialecte saxon qui prédomine encore aujourd'hui. En outre, avec la Maison des Hohenzollern, les Franconiens viennent s'installer et jouer un rôle important à la Cour. Esprit d'assimilation, tolérance et un certain cosmopolitisme, tels sont les attributs de la vie urbaine.

II

Lorsqu'en 1701, Frédéric Ier, couronné roi »en« Prusse à Königsberg, s'installe à Berlin, sa ville de résidence, le court trajet qui sépare le Georgentor du château offre suffisamment de place aux habitants de Cölln et de Berlin en liesse. De part et d'autre de la Sprée, les deux cités comptent environ trente mille habitants. Berlin se range au huitième rang parmi les villes du Reich, et ce essentiellement grâce aux Huguenots français, Orangeois, Suisses romands et Wallons qui sous la tolérance de l'Edit de Potsdam de 1685 ont afflué dans la ville pour y exercer librement leur foi. Pour un quart des habitants, la langue maternelle est désormais le français. Sous le cachet de résidence princière, l'éclat de la ville est limité. Pourtant, depuis peu, les rues principales sont pavées et les tas de fumiers et étables à cochons ne subsistent plus que dans les petites rues, devant les maisons basses à toit de chaume, alors que les voies principales se parent déjà çà et là de façades de deux à trois étages. Parmi les capitales du Reich et de l'Europe, Berlin fait des débuts prometteurs, tout comme la monarchie prussienne.

Cent-soixante-dix ans plus tard, Guillaume Ier, proclamé Empereur allemand à Versailles, fait son entrée à la tête de son régiment de garde dans la capitale de la Prusse et du nouveau Reich. Rien ne rappelle le Berlin qui s'offre aux yeux du premier roi prussien. La métropole approche le million d'habitants, son ancienne concurrente Vienne est dépassée, et en pays de langue allemande, Berlin n'a pas sa pareille en grandeur et splendeur. Mais c'est une splendeur qui fait étalage de ses richesses. Et il n'est guère d'endroit qui témoigne de l'histoire, à part peut-être certains monuments et les quelque mille pas qui séparent le château de la Porte de Brandebourg - et encore Frédéric Ier aurait eu du mal à les reconnaître.

Berlin évite la patine du temps, comme on craint une

in Berlin kündet von der Geschichte der Stadt und des Staates, wenn man von einigen Denkmälern und der kurzen Meile zwischen Schloß und Brandenburger Tor absieht – und selbst diese Strecke hätte Friedrich I. nicht wiedererkannt.

Berlin meidet die historische Patina wie eine Krankheit. Kaum ist ein Stadtviertel aufgebaut, da erscheinen bereits die Abrißkolonnen, um noch Neuerem Platz zu machen. Selbst das Forum Fridericianum, vom jungen Friedrich dem Großen und seinem genialen Baumeister Knobelsdorff als Herausforderung an Wien entworfen, hat im Bauverlauf sein streng klassizistisches Pathos verloren, weil immer neue Ideen in die Planung drängten, und nichts verbindet jetzt mehr die anmutig-schlichte Fassade der Oper mit dem spätbarocken Protz der Bibliothek am anderen Ende des Platzes. Berlin hat die vom Großen Kurfürsten angelegten Festungsringe ebenso gesprengt wie die später errichtete Akzisemauer, greift bereits nach Nachbarstädten wie Charlottenburg und Schöneberg aus, aber das Wachstum scheint ohne Wurzeln, eine dauernde Projektion in die Zukunft ohne Verankerung in der Vergangenheit. Die Hauptstadt ist das Symbol des Staates: eine auf märkischem Sand erbaute angestrengte Existenz, die ohne den dauernden Willen zur Ausdehnung in sich zusammenfallen müßte.

Doch während Preußen ganz und gar Schöpfung der machtbewußten Hohenzollern-Dynastie und ihrer hochorganisierten Machtmittel – der Verwaltung und der Armee – ist, lebt in Berlin ein Geist, der bei aller hergebrachten Königstreue quer zu den Grundlagen preußischer Staatlichkeit steht. Das bunte Gemisch von Kaufleuten, Künstlern, Gelehrten, aus Protestanten, Katholiken und Juden, das unaufhörlich Nachschub erhält – seit Anfang des 18. Jahrhunderts leben in Berlin stets mehr Zugezogene als dort Geborene –, verwandelt Berlin von der Residenz in eine Bürgerstadt, in der ein Geist herrscht, der sich nicht auf die französische Aufklärung, auf Voltaire oder Rousseau beruft, sondern auf die Deutschen Thomasius, Wolff und Kant, und der ganz bewußt im Gegensatz zu den höfischen Sitten in deutscher Sprache räsoniert.

In Salons wie denen der Henriette Herz oder der Rahel Levin treffen sich die bedeutenden Geister der Epoche: der Buchhändler Nicolai, der Probst Spalding, der Philosoph Mendelssohn, der Maler und Kupferstecher Chodowiecki, der Geograph Büsching, der Architekt Langhans, Erbauer des Brandenburger Tores: eine neue, geistreiche, kritische und scharf debattierende Öffentlichkeit, die weit über die preußische Hauptstadt hinauswirkt und in sonderbarem Kontrast zum Hof steht, der unter dem schwachen, aber kunstsinnigen Friedrich Wilhelm II. in anmutiger Dekadenz versinkt.

Der Geist der Hauptstadt bleibt bürgerlich, kritisch, liberal, mit starkem jüdischen Einschlag, auch nach der

if it were some disease. No sooner had a new quarter been completed than it was demolished to make way for something newer. Even the »Forum Fridericianum«, designed by young Frederick the Great together with his brilliant architect, Knobelsdorff, as a challenge to Vienna, forfeited its strict classicist pathos over the years because of continual modification. Consequently the sleek simplicity of the Opera House finally had nothing in common with the late-baroque ostentation of the Library at the opposite end of the »Forum«. Berlin tore down not only the old fortifications built by the Great Elector but also the more recent tollgates and expanded into neighbouring towns such as Charlottenburg and Schöneberg. But its growth appeared rootless, a permanent projection into the future lacking a firm anchorage in the past. The capital symbolized the State: built on the sands of Brandenburg, it was an entity constantly driven by a will to expansion, without which it seemed destined to collapse.

But whereas Prussia was wholly a creation of the power conscious Hohenzollerns and their highly organized machinery of the state bureaucracy and army, Berlin itself was permeated with a different spirit which, despite a traditional loyalty to the monarchy, ran quite contrary to the basic sentiment of the Prussian State. Ever since the beginning of the 18th century the migrant population had outnumbered locally-born inhabitants, adding to the bright variety of merchants, artists, scholars, Protestants, Catholics and Jews and transforming Berlin from a monarchical residence into a city dominated not by the spirit of the French Enlightenment – Voltaire or Rousseau – but that of Thomasius, Wolff and Kant who, in conscious contrast to court tradition, thought and reasoned in German.

The leading intellectuals of the age met in salons such as those of Henriette Herz and Rahel Levin: the publisher Nicolai, Provost Spalding, the philosopher Mendelssohn, the artist and engraver Chodowiecki, the geographer Büsching and the architect Langhans who designed the Brandenburg Gate. All contributed to a new, imaginative, critical and keen public debate which extended far beyond the Prussian capital. This spirit stood in strange contrast to that of the court which was gradually declining into charming decadence under the weak but artistically appreciative Frederick William II.

The general atmosphere in Berlin, to which many prominent Jewish citizens contributed, remained bourgeois, critical and liberal, even after the catastrophe of Jena and Auerstedt in 1806, the Napoleonic occupation and the collective national enthusiasm of the Wars of Liberation. The subsequent general withdrawal into the Biedermeier idyll was continually subject to disturbance: the Supreme Court counsellor E.T.A. Hoffmann protested against police treatment of the »demagogues«; the author August Varnhagen von Ense wrote defiant articles against Prussian censorship and Bettina von Arnim

maladie. A peine un quartier est-il construit que l'on se met à démolir pour faire place aux innovations. Même le Forum Fridericianum, défi lancé à Vienne par le jeune Frédéric le Grand et son architecte de génie Knobelsdorff, perd au fur et à mesure de sa réalisation son pathos néo-classique sous l'influence des idées nouvelles et il n'y a plus rien de commun entre le charme sobre de la façade de l'Opéra et le baroque pompeux de la Bibliothèque de l'autre côté de la place. Berlin fait craquer les enceintes fortifiées aménagées par le Grand Electeur comme le mur d'octroi érigé plus tard. La ville s'étend déjà aux faubourgs voisins, comme Charlottenburg et Schöneberg, mais sa croissance semble sans racines – permanente projection sur l'avenir sans ancrage dans le passé. La capitale est le symbole de l'Etat: une existence qui, laborieusement bâtie sur les sables de la Marche, s'effondrerait sans cette persévérante volonté d'extension.

Si la Prusse est de toutes pièces l'œuvre de la dynastie des Hohenzollern conscients de leur pouvoir et de leurs moyens de l'exercer – organisation poussée de l'appareil administratif et de l'armée – il règne à Berlin un esprit qui, quelle que soit la traditionnelle fidélité à la maison royale, est diamétralement opposé aux principes de base de l'Etat prussien. Cette symbiose de commerçants, artistes, savants, de protestants, catholiques et juifs – le flux se développe sans cesse et depuis le début du 18e siècle le nombre d'immigrés est toujours supérieur au nombre de Berlinois de naissance –, fait de la résidence impériale une ville de citoyens qui ne se réclame pas des Lumières françaises, de l'esprit de Voltaire ou de Rousseau, mais des maîtres à penser allemands Thomasius, Wolff et Kant et, contrairement aux usages de la Cour, pense et raisonne en langue allemande.

Les grands esprits de l'époque se rencontrent dans les salons d'Henriette Herz ou de Rahel Levin: l'éditeur Nicolai, le Pasteur Spalding, le philosophe Mendelssohn, le peintre et graveur Chodowiecki, le géographe Büsching, l'architecte Langhans qui a édifié la Porte de Brandebourg: opinion publique pleine de finesse, d'esprit critique, ayant le goût des discussions acérées; son impact dépasse largement les frontières de la métropole prussienne et elle contraste étrangement avec la Cour qui sous l'influence d'un Frédéric-Guillaume II, faible mais affectionnant les arts, sombre dans la douce décadence.

Même après la catastrophe de Iéna et d'Auerstedt en 1806, après l'occupation napoléonienne et l'ivresse collective nationale des guerres de libération, l'esprit de la capitale reste bourgeois, critique, libéral, nettement marqué par la communauté juive. Ici, le refuge général dans l'idylle romantique du Biedermeier est constamment troublé – que ce soit l'assesseur E.T.A. Hoffmann se rebellant contre le traitement infligé aux »démagogues« par la police, ou l'écrivain August Varnhagen von Ense attaquant la censure prussienne dans ses articles acerbes

Das Rondell, seit 1815 Belle-Alliance-Platz, seit 1945 Mehringplatz, mit dem Halleschen Tor. Idealansicht um 1730

The Rondell, in 1815 renamed Belle-Alliance-Platz, since 1945 Mehringplatz. Illustration about 1730

Le Rondell, avec l'Hallesches Tor aux portes de la ville. Vers 1730. Appelé depuis 1815 Belle-Alliance-Platz et Mehringplatz depuis 1945. Illustration vers 1730

Preußisches Militär mit klingendem Spiel auf der Straße »Unter den Linden«. Aufnahme um 1900

Prussian military parade with band on »Unter den Linden«. Photograph, about 1900

Fanfare militaire prussienne sur le boulevard »Unter den Linden«. Photographie, vers 1900

Einzug französischer Truppen unter Napoleon in Berlin am 24. Oktober 1806. Mezzotinto

French troops under Napoleon entering Berlin on 24. October 1806. Mezzotint

Entrée à Berlin des troupes françaises sous Napoléon le 24 octobre 1806. Gravure à la manière noire

Borsigs Eisengießerei und Lokomotivenbauanstalt. Lithographie um 1860

Borsigs Iron Foundry and Locomotive Works. Lithograph, about 1860

Fonderie et atelier de construction de locomotives de l'entreprise Borsig. Lithographie, vers 1860

Katastrophe von Jena und Auerstedt 1806, der napoleonischen Besatzung und dem kollektiven Nationalrausch der Freiheitskriege. Der allgemeine Rückzug in die biedermeierliche Idylle wird hier immer erneut gestört – sei es, daß der Kammergerichtsrat E.T.A. Hoffmann sich der polizeilichen Behandlung der »Demagogen« widersetzt, daß der Schriftsteller August Varnhagen von Ense aufmüpfige Artikel gegen die preußische Zensur schreibt oder daß Bettina von Arnim dem König öffentlich die himmelschreienden Zustände vorwirft, die in den neuen Arbeiterquartieren vor den Toren der Stadt herrschen.

Damit kündigt sich eine erneute Verwandlung Berlins an. Vor dem Oranienburger Tor siedeln sich die Zukunftsindustrien des 19. Jahrhunderts an, Maschinenfabriken wie das Unternehmen August Borsigs, etwas später Elektrounternehmen wie Siemens und AEG sowie chemische Fabriken, beispielsweise Schering. Die Bevölkerungszahl nimmt rapide zu, und Ende der vierziger Jahre sind bereits mehr als zehn Prozent der Berliner Bevölkerung Fabrikarbeiter. Die Hauptstadt Preußens beherbergt jetzt ein explosives Gemisch von liberalen Geistern und elenden, am Rand des Existenzminimums vegetierenden Massen. Es bedarf lediglich einer Teuerungswelle und der Nachricht von Aufständen in Frankreich und Süddeutschland, um in den Märztagen 1848 die Revolution auszulösen. Nur mit demütigenden Zugeständnissen gelingt es dem König, das Äußerste zu vermeiden, aber auch nach dem Ende der Revolution bleibt Berlin in der Opposition. Die neue Stadtverfassung von 1850 sucht den Widerstand einzuschnüren. Das Drei-Klassen-Wahlrecht, das es dem Finanzamt überläßt, das Gewicht einer Wählerstimme festzulegen, soll konservative Mehrheiten in die Stadtverordnetenversammlung bringen, aber vergebens. Schon die ersten Wahlen führen zu einem liberalen Stadtregiment, ein ständiges Ärgernis für Hof und Staat.

III

Mit dem Einzug Kaiser Wilhelms I. durch das Brandenburger Tor am 16. Juni 1871 zieht auch die große Politik in Berlin ein. Hauptstadt des Kaiserreiches zu sein bedeutet Abschied von der bisherigen Enge des preußischen Gesichtsfeldes. Obwohl Wilhelm I. den Kaisertitel haßt, sich bis zu seinem Lebensende als preußischer König fühlt und bescheiden residiert – die Gummibadewanne, die einmal in der Woche aus einem nahegelegenen Hotel ins Schloß gebracht wird, damit Majestät sich reinigen kann, ist Berliner Stadtgespräch –, bildet sich doch im Umkreis des Schlosses aus der neuen Reichsbürokratie und dem diplomatischen Korps ein glänzendes Gesellschaftsleben, das sich prunkvoll, oft geschmacklos präsentiert und manchem Altpreußen wie das reine Sodom erscheint. Und neben der Reichsregierung gibt es ein wei-

publicly rebuked the king for the deplorable conditions in the new workers' quarters beyond the city gates.

So commenced yet another transformation of the city. The future industries of the 19th century were springing up beyond the Oranienburg Gate. They included the engineering works of August Borsig and, somewhat later, electrical concerns such as Siemens and AEG and pharmaceutical factories such as Schering. The population increased rapidly so that by the end of the 1840's more than ten per cent of Berlin's inhabitants were factory workers. The Prussian capital now contained an explosive mixture of liberal intellectuals and the masses, the latter submerged in poverty and eking out their existence on the verge of destitution. All it needed was a wave of price rises and the news of uprisings in France and southern Germany to spark off the revolution in March 1848. The king just managed to avoid the worst by making humiliating concessions. But even after the end of the revolution Berlin remained in opposition. A new city constitution was designed to strangle resistence and the three-class electoral system, under which the tax-office decided the weight of each vote, was introduced to ensure a conservative majority in the city parliament – but to no avail. The first elections brought in a liberal council to the general irritation of court and State.

III

When Emperor William I rode in through the Brandenburg Gate on 16. June 1871, power politics also moved into the city. Berlin's emergence as capital of the German Empire signalled its departure from the narrow Prussian field of vision. Even so, William I detested the title of »Kaiser«. Up to his death he still felt happier in his role as King of Prussia and continued to live relatively modestly: His Majesty had a rubber bath transferred once a week from a nearby hotel to his palace in order to »cleanse his royal person«. Nevertheless, with the establishment of the new imperial bureaucracy and diplomatic corps, the fashionable circles of high society soon flourished around the palace, cultivating a glamorous, often garishly ostentatious life-style that many a true Prussian condemned as if it were Sodom itself. Parallel to the Imperial Government a new institution had been established in the city: the national parliament or »Reichstag«. Its new seat was built later and lay, significantly enough, outside the old city limits, clearly removed from the centre of State power which was concentrated between the palace and Wilhelmstrasse. Thus the mounting tension between real political power and the people's representatives was even visibly emphasized. However, the bourgeois grey of the parliament was unimpressive compared with the splendour surrounding the court and its government and the great in-

ou encore Bettina von Arnim reprochant publiquement au roi les conditions de vie révoltantes dans les nouveaux faubourgs ouvriers aux portes de la ville.

Pour Berlin, c'est une nouvelle métamorphose qui s'annonce avec l'implantation devant la Porte d'Oranienburg des industries d'avenir du 19ᵉ siècle – ateliers de mécanique comme l'entreprise d'August Borsig, suivis plus tard des usines électriques de Siemens et AEG et des industries chimiques comme Schering. L'urbanisation s'accentue et vers la fin des années quarante, les ouvriers représentent plus de dix pour cent de la population berlinoise. La capitale de la Prusse abrite maintenant un mélange explosif d'esprits libéraux et de masses miséreuses végétant en marge du minimum vital. Une vague de cherté ainsi que la nouvelle des mouvements de révolte en France et en Allemagne du Sud suffisent à déclencher la révolution de mars 1848. Ce n'est qu'au prix de concessions humiliantes que le roi parvient à éviter le pire, mais même après la révolution, Berlin reste dans l'opposition. La nouvelle constitution de la ville en 1850 tente de juguler les forces d'opposition: le système électoral dit »des trois classes« selon lequel le poids d'une voix dépend du montant d'impôts versés, devrait pouvoir amener une majorité conservatrice au Conseil de la ville. Mais la tentative échoue et les premières élections confèrent à la métropole un gouvernement libéral, source de contrariété permanente pour la Cour et l'Etat.

III

Lorsque l'Empereur Guillaume Ier franchit la Porte de Brandebourg le 16 juin 1871, c'est aussi la grande politique qui fait son entrée à Berlin. Occuper le rang de capitale du Reich, c'est prendre congé de l'étroitesse du champ de vision prussien. Bien que Guillaume Ier haïsse le titre d'empereur – il se sentira roi de Prusse jusqu'à la fin de ses jours – et préfère résider modestement (toute la ville parle de la baignoire en caoutchouc transportée chaque semaine d'un hôtel voisin au château, afin que Sa Majesté se livre à sa toilette), la nouvelle bureaucratie du Reich et le corps diplomatique se laissent emporter à la vie mondaine, au luxe pompeux, manquant souvent de goût – véritable Sodome pour certains esprits prussiens traditionnels. Et puis, à côté du gouvernement impérial, il y a un nouvel élément dans la ville: le Parlement – le Reichstag –, que l'on ne manquera pas de reléguer plus tard au-delà des anciennes frontières de la ville, en marge de l'axe du pouvoir étatique entre le château et la Wilhelmstrasse. Aussi la tension entre le Pouvoir et les représentants du peuple est-elle manifeste, sans que le gris des uns parvienne toutefois à ternir l'éclat du gouvernement et de la Cour. Les grandes conférences internationales de l'époque, le Congrès de Berlin en 1878 ou la Conférence du

teres neues Element in der Stadt: das Parlament, den Reichstag, dem man bezeichnenderweise später einen Platz außerhalb der alten Stadtgrenzen zuweist, aus der staatlichen Machtachse zwischen Schloß und Wilhelmstraße gerückt. So wird die Spannung zwischen Macht und Volksvertretung schon äußerlich sichtbar. Doch der Glanz der Regierung und des Hofes überstrahlt das bürgerliche Grau der Abgeordneten, und die großen internationalen Konferenzen der Epoche, der Berliner Kongreß von 1878 oder die Kongo-Konferenz von 1884/85 vermitteln das Gefühl, das später Wilhelm II. markig bestätigt: »Es ist erreicht!«

Berlin ist aber auch wirtschaftlich Deutschlands Mitte, denn wer in der Reichshauptstadt produziert, ist vielfältig begünstigt. Man sitzt im Zentrum eines ins ganze Reich ausstrahlenden Eisenbahnnetzes, jeder Punkt in Deutschland ist von hier aus an einem Tag erreichbar. Die Nähe zur politischen Macht erleichtert die Geschäfte. Die ausgezeichneten Ausbildungsstätten von den – seit 1870 kostenlosen – Volksschulen bis zu Europas angesehenster Universität, nicht zuletzt auch der kulturelle Glanz der Metropole ziehen die Unternehmer an. Und mit ihnen strömen die Menschen aus den verarmten ostelbischen Provinzen nach Berlin, aus Brandenburg, Pommern, Ostpreußen und Schlesien. Die Stadt platzt aus ihren Nähten: 1870 sind es 830.000 Einwohner, 1890 bereits anderthalb, am Vorabend des Ersten Weltkrieges fast zweieinhalb Millionen Menschen. Die neuerschlossenen Randgebiete werden, einheitlich geplant, so dicht und wohlorganisiert wie möglich bebaut, und das Ergebnis ist die Berliner Mietskaserne: ein kompakter Baublock von bis zu zweihundert Meter Länge und hundertfünfzig Meter Tiefe, vier bis fünf Stockwerke hoch, mit bis zu sechs Quergebäuden, die Höfe dazwischen nur so groß, daß eine Feuerspritze in ihnen wenden kann. Finstere, unhygienische Wohnmaschinen, in denen manchmal mehr als zweitausend Menschen leben. Ganze Stadtviertel verwandeln sich auf diese Weise in steinerne Meere, durchkreuzt von kilometerlangen, schnurgeraden Straßenschluchten.

Ganz anders der neue Westen. Vor den Toren der Stadt, in Charlottenburg, Westend, Lichterfelde, Grunewald siedelt sich das besser situierte Bürgertum an, in palastartigen Miethäusern oder großzügig durchgrünten Villenkolonien. Hinaus aus der Stadt, Flucht vor dem lärmenden, wimmelnden Ameisenhaufen, früher Überdruß an der Technizität und Massenhaftigkeit der Moderne. Der Bürger überläßt die Stadt den Behörden und den Armen, läßt allenfalls noch die großen Flanierboulevards, die Straße Unter den Linden und die neueste und mondänste Strecke, den Kurfürstendamm, gelten.

Unaufhörlich verändert sich das Gesicht der Stadt. Kaum sind die Pferdeomnibusse etabliert, da überrascht die erste, von einem Siemens-Motor getriebene elektrische Straßenbahn das Publikum. Ein Jahr darauf, 1882,

ternational conferences of the age, the Berlin Conference of 1878 and the Congo Conference of 1884/85, helped to heighten that feeling which William II later pithily summarized in the phrase: »It is accomplished!«

By now Berlin had also become the economic centre of Germany and those who produced here enjoyed many advantages. The city lay at the hub of a vast rail network so that any point in Germany was accessible within a day. Proximity to the centre of power made business easier. There were excellent education facilities ranging from the primary schools – free since 1870 – to Europe's finest university and of course the great, cultural attractions, all of which drew the entrepreneurs into the metropolis. In their wake came a stream of people flowing in from the impoverished East Elbian provinces, from Brandenburg, Pomerania, East Prussia and Silesia. The city was soon overflowing: in 1870 the population numbered 830,000, by 1890 it had risen to one and a half million and on the eve of the First World War it reached almost two and a half million. New housing was rapidly built on the outskirts of the city, dense, uniform and as well-ordered as possible. This resulted in what became known as the »Berliner Mietskaserne«, the tenement barracks: compact blocks, built up to two hundred metres long and one hundred and fifty metres deep, four to five storeys high and with up to six parallel rear sections barely separated by narrow back yards only just wide enough to accommodate the smallest fire engine. These dark, unhealthy dwelling-combines sometimes housed more than two thousand people. Whole sections of the city were transformed into a sea of brick relieved only by the deep chasms of orderly lined, kilometre-long streets.

Things were quite different in the new western suburbs. In Charlottenburg, Westend, Lichterfelde and Grunewald the affluent middle-classes withdrew into palacial apartments or lavishly landscaped villas, escaping the noise and bustle of the city, weary of urban mechanisation and the mass character of modernity. The bourgeoisie abandoned the city to officialdom and the poor, limiting their own presence to the great representative boulevards, the old-established »Unter den Linden« and the newest, more fashionable »Kurfürstendamm«.

The face of the city was continually changing: it seemed that no sooner had horse-drawn buses been introduced than the first electric tram, equipped with a Siemens motor, appeared causing general public excitement. A year later, in 1882, the first »S-Bahn«, the inner-city railway line, went into operation: a network of viaduct constructions throughout Berlin interconnecting the main railway stations. Ten years later, the first automobile rattled down the Kurfürstendamm. Then, in 1902, the underground went into operation. When the French journalist, Jules Huret, visited Berlin at the turn of the century, he wrote in his affectionate portrait of the city: no-

Congo en 1884/85 portent à croire que la réussite est acquise, ce qui plus tard fera dire à Guillaume II d'un ton énergique: »Ça y est, nous y sommes!«

Economiquement aussi, Berlin est le centre de l'Allemagne. Qui produit dans la capitale du Reich jouit d'avantages multiples. On est au cœur d'un réseau de chemin de fer rayonnant dans tout le Reich, d'ici, on peut atteindre en un jour n'importe quel autre point d'Allemagne. La proximité du pouvoir politique facilite aussi les affaires. Les excellents établissements d'enseignement – des écoles primaires, gratuites depuis 1870, à l'université la plus renommée d'Europe – et l'éclat de la métropole culturelle sont autant de pôles d'attraction pour les entreprises. Et avec elles, les gens affluent des provinces pauvres de l'Est de l'Elbe, de Brandebourg, de Poméranie, de Prusse orientale et de Silésie. La population est en plein essor: 830.000 habitants en 1870, un million et demi déjà en 1890 et à la veille de la première guerre mondiale, le chiffre est passé à près de deux millions et demi. Dans les faubourgs annexés, on construit selon un plan uniforme, conçu pour ne pas perdre de place; le résultat sont ces »casernes locatives« berlinoises: blocs compacts de deux cents mètres de long, cent cinquante mètres de profondeur, quatre à cinq étages comprenant jusqu'à cinq bâtiments entre lesquels sont ménagées des cours laissant juste assez de place à une lance d'incendie. Des machines à loger les gens, sombres, sans hygiène, abritant parfois plus de deux mille personnes. Des quartiers entiers se métamorphosent en mers de pierre, sillonnées de longues rues tracées au cordeau sur plusieurs kilomètres.

Il en va tout autrement des quartiers neufs de l'Ouest. La bourgeoisie mieux située s'installe aux portes de la ville, à Charlottenburg, Westend, Lichterfelde, Grunewald, louant des appartements dans des maisons bourgeoises ressemblant à des palais ou habitant les villas des quartiers résidentiels dans la verdure. On fuit la ville, le bruit, la fourmillère, déjà las avant l'heure de la technicité et de la démesure des temps modernes. La bourgeoisie laisse la ville aux bureaux et aux pauvres et seuls comptent à ses yeux les grands boulevards où l'on flâne, la grande avenue »Unter den Linden« et le »Kurfürstendamm«, boulevard le plus neuf et le plus mondain.

La ville change constamment de physionomie. A peine les fiacres se sont-ils établis que l'on s'étonne de voir rouler le premier tramway électrique, moteur Siemens. Un an après, c'est en 1882, on inaugure le premier tronçon de la S-Bahn, chemin de fer urbain qui, reliant les grandes gares, traverse Berlin de part en part. Dix ans plus tard, la première automobile s'ébranle sur le Kurfürstendamm et en 1902, c'est le métro qui se met en route. Le journaliste français Jules Huret qui visite Berlin vers 1900 et en trace un portrait semblable à une déclaration d'amour, souligne n'avoir vu nulle part au monde un trafic aussi intense que sur le Potsdamer Platz.

Das Reichstagsgebäude, errichtet 1884 bis 1894 nach Plänen von Paul Wallot. Aufnahme um 1920

The Reichstag, built 1884–1894 to plans by Paul Wallot. Photograph, about 1920

Le Reichstag, érigé de 1884 à 1894 d'après les plans de Paul Wallot. Photographie, vers 1920

Der Bahnhof Friedrichstraße. Aufnahme 1928

Friedrichstrasse Railway Station. Photograph, 1928

La gare de Friedrichstraße. Photographie, 1928

Das Brandenburger Tor, erbaut 1788 bis 1791 von
Carl Gotthard Langhans. Aufnahme 1901

The Brandenburg Gate, built 1788–1791 to plans by
Carl Gotthard Langhans. Photograph, 1901

La Porte de Brandebourg, construite de 1788 à 1791 par
Carl Gotthard Langhans. Photographie, 1901

Der Hoch- und Untergrundbahnhof Nollendorfplatz.
Aufnahme 1902

Nollendorfplatz Bahnhof, elevated and subterranean station
of the Berlin Underground. Photograph, 1902

Nollendorfplatz, station de métro aérien et souterrain.
Photographie, 1902

wird die erste S-Bahn-Strecke eröffnet, ein quer durch Berlin sich ziehender Viadukt, der die Fernbahnhöfe miteinander verbindet. Zehn Jahre später rattert das erste Auto über den Kurfürstendamm, und U-Bahnen fahren seit 1902. Der französische Journalist Jules Huret, der Berlin um die Jahrhundertwende besucht und ein Stadtporträt wie eine Liebeserklärung schreibt, hat nirgendwo auf der Welt einen so wimmelnden Verkehr wie auf dem Potsdamer Platz erlebt.

Berlin in der Kaiserzeit ist der Ort, an dem Konservativismus und Sozialismus, Tradition und Moderne hart aufeinanderprallen, ob der Kaiser in Küraß und Adlerhelm die modernsten Forschungsinstitute der Welt eröffnet, ob am 1. Mai Polizisten und Arbeiter aufeinander losprügeln ober ob das Publikum zwischen den Akademieausstellungen der großen Salonmaler Anton von Werner oder Walter Schott und der Galerie Paul Cassirers in der Viktoriastraße pendelt, wo die Avantgarde der Berliner Secession zu sehen ist: Liebermann, Corinth oder Slevogt, die Skandale und selbst kaiserliches Mißfallen erregen. Der Zusammenprall von glattem Konservativismus und schroffer Moderne wiederholt sich allenthalben: auf der Bühne, wo Max von Wildenbruch und Gerhart Hauptmann allen skandalösen Protesten zum Trotz aufgeführt werden, im Konzertsaal, wo die unerhörten Klänge eines Arnold Schönberg zu den spätromantischen Tonwolken Ferruccio Busonis kontrastieren, und in der Oper, wo Richard Strauss den Kaiser überfordert: »Det is keene Musik für mich!« sprachen Majestät und verließen die Berliner Erstaufführung des »Rosenkavalier« noch vor Ende des ersten Aufzugs.

Alles das steht still, als 1914 der Große Krieg losbricht. Die Kunst stellt sich in den Dienst des Vaterlandes, sei es, daß sie der populären Kriegsbegeisterung Pinsel und Feder leiht, sei es, daß die Künstler selbst zu den Fahnen eilen. Der öffentliche Verkehr läßt nach, Droschken und Pferde werden an die Front geschickt. Lebensmittelrationierungen greifen tief in das Alltagsleben ein. In langen Kohlrübenwintern erfriert der Massenpatriotismus. Streiks, Demonstrationen und Tumulte verändern das Straßenbild. Als der Krieg zu Ende, der Kaiser nach Holland geflohen, die Revolution ausgebrochen ist, bleibt eine graue Stadt übrig, ausgehungert und mit ungewisser Zukunft.

IV

Nie zuvor oder später ist Berlin so sehr Mitte und Hauptstadt Deutschlands wie in der Epoche der Weimarer Republik, die eigentlich »Berliner Republik« heißen müßte. Hier entscheidet sich der Machtkampf zwischen roter und schwarz-rot-goldener Revolution, zwischen der Deutschen Republik, die Philipp Scheidemann am Mittag

where in the world had he seen such busily teeming traffic as at Potsdamer Platz.

In Wilhelminian Berlin conservatism and socialism, the traditional and the modern, met in violent confrontation: the world's most modern research institutes were opened by the Kaiser wearing a gleaming breastplate and eagle helmet; police and workers met in bitter animosity on 1. May; the public drifted from the Academy exhibitions of great, officially recognized artists, such as Anton von Werner and Walter Schott, to Paul Cassirer's gallery in Viktoriastrasse where the avant-garde Berlin Secessionists, Liebermann, Corinth, Slevogt, were on show causing a general scandal and arousing the Kaiser's disapproval. Staunch conservatism and brazen modernism clashed in all areas of cultural activity: in the theatre, where Max von Wildenbruch and Gerhart Hauptmann were produced despite the uproar; in the concert halls, where Arnold Schönberg's unheard of compositions contrasted with the late-romantic, nebulous evocations of Ferruccio Busoni and at the opera, where Richard Strauss overtaxed the Kaiser's powers of appreciation: »I don't call that music!«, he declared in broad Berlin dialect and left the première of »Der Rosenkavalier« before even the first act was over.

All this came to a halt when the Great War broke out. Artists and writers went into patriotic service, dedicating their work in support of the war or joining the rush of volunteers. Public transport slackened, cabs and horses were sent to the front. Food rationing seriously affected daily life. In the long hard winters when swedes became the staple diet, mass patriotism froze. Strikes, demonstrations and riots changed the general picture of the streets. By the end of the war the Kaiser had fled to Holland and revolution had broken out. The city was grey and starving, the future uncertain.

IV

Never had Berlin been so much the centre and capital of Germany as during the Weimar Republic, which should in fact be dubbed the »Berlin Republic«. Here the battle for power was decided between two revolutionary ideals, between left-wing socialist and democratic republicanism. Philipp Scheidemann proclaimed the »German Republic« from a window of the Reichstag at noon on 9. November 1918 and shortly afterwards Karl Liebknecht proclaimed the »Socialist Republic« from the palace. For many weeks an uncanny civil war was fought in the streets and cellars of the city.

On 14. August 1919, the new Constitution of the Reich was promulgated in Berlin which, according to the Minister of the Interior, was »the world's most democratic constitution«. Shortly afterwards Berlin became the scene of

Berlin sous le règne de son »Kaiser« est l'endroit où se heurtent le conservatisme et le socialisme, la tradition et le moderne, que le Kaiser en cuirasse et casque à pointe inaugure solennellement les instituts de recherche les plus modernes du monde, que les policiers et les ouvriers s'affrontent le jour du 1er mai ou que le public fasse le va-et-vient entre l'Academie qui expose les grands peintres de salon Anton von Werner ou Walter Schott et la galerie de Paul Cassirer dans la Viktoriastraße où l'avant-garde de la Sécession de Berlin – Liebermann, Corinth ou Slevogt – fait scandale et suscite le profond mécontentement de l'empereur. Le heurt du conservatisme de bon ton et du modernisme impétueux se manifeste partout: au théâtre où sont joués Max von Wildenbruch et Gerhart Hauptmann au grand scandale des protestataires, dans les salles de concert où les sonorités inouïes d'un Arnold Schönberg contrastent avec les envolées post-romantiques de Ferruccio Busoni et à l'opéra où Richard Strauss déroute le Kaiser qui lors de la première du Chevalier à la Rose quitte la salle avant même le premier rideau.

Tout cela s'immobilise lorsqu'éclate la grande guerre en 1914. L'art se met au service de la patrie, soit qu'il prête la main à l'effervescence populaire, soit que les artistes eux-mêmes se précipitent sous les drapeaux. Le trafic public s'apaise, fiacres et chevaux sont envoyés au front. Le rationnement alimentaire modifie profondément la vie de tous les jours, et sous la rigueur des longs hivers miséreux, le patriotisme commence à périr de froid. Prises dans les grèves, les manifestations, les tumultes, les rues et les places changent de physionomie. Lorsque la guerre est finie, le Kaiser s'est réfugié en Hollande, la révolution a éclaté, il ne reste qu'une ville grise, affamée, vouée à un avenir précaire.

IV

Jamais Berlin n'a autant été le centre, la capitale de l'Allemagne que sous la République de Weimar – qui devrait s'appeler en fait »République de Berlin« – car lorsque la révolution déferle sur l'Allemagne, c'est ici que se décide la lutte pour le pouvoir entre républicains démocrates et extrême-gauche, entre la République allemande proclamée de la fenêtre du Reichstag par Philipp Scheidemann en ce midi du 9 novembre 1918 et la République socialiste que proclame Karl Liebknecht quelques instants plus tard devant le château royal. Dans les rues, les caves et sur les toits, une épouvantable guerre civile gronde pendant plusieurs semaines. C'est ici qu'est promulguée la nouvelle Constitution du Reich, le 14 août 1919 – »la constitution la plus démocratique du monde«, d'après le ministre de l'Intérieur du Reich. Peu de temps après, Berlin est le théâtre de la contre-révolution: en mars 1920, les corps francs – casque d'acier et croix gammée – occupent

des 9. Novembers 1918 von einem Fenster des Reichstagsgebäudes ausruft, und der Sozialistischen Republik, die Karl Liebknecht kurz darauf vor dem Stadtschloß proklamiert. Hier tobt wochenlang in den Straßen, in Kellern und auf Dächern ein gespenstischer Bürgerkrieg. Hier wird am 14. August 1919 die neue Reichsverfassung verkündet, »die demokratischste Verfassung der Welt«, wie der Reichsinnenminister meint. Bald darauf ist Berlin Schauplatz der Konterrevolution: Im März 1920 bevölkern Freikorps-Soldaten mit dem Hakenkreuz am Stahlhelm einige Tage lang die Straßen, können sich im freiheitlichen Klima der Stadt aber nicht halten.

Doch trotz politischer und wirtschaftlicher Katastrophen in den Jahren von Weimar kommt die Stadtentwicklung wieder auf Touren. Bald nach dem Krieg, 1920, entsteht Groß-Berlin und damit der heutige Stadtumfang; der weitaus größte Teil West-Berlins gehört erst seit diesem Jahr zur Berliner Stadtgemeinde. Vier Millionen Menschen leben in diesem Siedlungs-Konglomerat, und sie leben, gemessen an den Umständen der Zeit, nicht schlecht. In allen Bezirken entstehen große Volksparks, und der Massenwohnungsbau hat nichts mehr mit den Mietskasernen der Vorkriegszeit zu tun. Aufgelockerte Randbebauung im Grünen ist mittlerweile das Rezept, und man wagt architektonisch wie städteplanerisch Revolutionäres, das bis heute kaum wieder erreicht ist: die Waldsiedlung »Onkel Toms Hütte« in Zehlendorf etwa, die Genossenschaftssiedlung »Freie Scholle« in Tegel, am erstaunlichsten Bruno Tauts Hufeisensiedlung in Britz.

Was nun bis in das Leben des einzelnen hineinreicht, ist die Kultur der zwanziger Jahre, die, ihrem Mythos zufolge, in Berlin wurzelt. Eigentlich ist hier nichts wirklich neu; was da fröhlich, grell, dekadent und rasant die Bühnen, Galerien und Publikationen besetzt, entstammt durchweg der Vorkriegszeit. Doch der offizielle und bürgerliche Akademismus der wilhelminischen Ära ist mit der Vorkriegszeit verschwunden, und übriggeblieben ist die Avantgarde, ihrerseits schon etwas in die Jahre gekommen, aber immer noch provokativ und aufregend. Max Reinhardts Deutsches Theater konkurriert mit Leopold Jessners Schauspielhaus und den revolutionären Inszenierungen Erwin Piscators am Nollendorfplatz. Die Staatsoper mit Erich Kleiber und Leo Blech mißt sich mit Bruno Walters Städtischer Oper. Otto Klemperer dirigiert in der Kroll-Oper, Wilhelm Furtwängler in der Philharmonie. Ernst Lubitsch, Fritz Lang, F.W. Murnau drehen hier ihre expressionistischen Filme. Und dann ist da die Welt des Varieté im Berliner Westen. Namen wie Rudolf Nelson, Claire Waldoff, Fritzi Massary sind in aller Munde. Die Avantgarde der bildenden Kunst beherrscht die Szene, von Hannah Höch über Karl Schmidt-Rottluff bis George Grosz und Otto Dix. Ein fiebriger, vorwärtsdrängender Zeitgeist offenbart sich täglich auch in den

counter-revolution: in March 1920, right-wing »Freikorps« volunteers bearing the swastika on their helmets occupied the streets for a few days, but their attempted putsch failed in the city's liberal atmosphere.

Despite the catastrophic political and economic upheavals during the Republic, planning and development still progressed. Soon after the war, in 1920, Greater Berlin was created, thus encompassing the area which, viewed as a whole, the city still occupies today: it was not until this date that the major section of what now is West Berlin was incorporated into the municipality. The population of the great urban conglomeration rose to four million and, seen in the context of the times, living standards were relatively good. Public parks and recreation areas were established in all districts, mass-housing projects consciously departed from the pre-war concept of tenement blocks. The new recipe now advocated more open planning and garden suburbs. Revolutionary ideas in architectural design and city planning were realized, setting standards hardly reached even today: the »Onkel Toms Hütte« estate set in the woods of Zehlendorf, the co-operative society project »Freie Scholle« in Tegel and the most remarkable, Bruno Taut's horseshoe-shaped »Hufeisen-Siedlung« in Britz.

The culture of the twenties extended into all spheres of life and, according to the popular myth, it was rooted in Berlin. Nothing in this area was in fact really new. The origins of all the light-hearted, garish, decadent and crazy images that populated the stages, galleries and publications can be traced back to before the war. The difference was that the official and the bourgeois academism of the Wilhelminian era had been banished leaving the avantgarde, which itself was no longer young, but still provocative and exciting. Max Reinhardt's »Deutsches Theater« competed with Leopold Jessner's »Schauspielhaus« and Erwin Piscator's revolutionary productions at Nollendorfplatz. The State Opera, with Erich Kleiber and Leo Blech, matched itself with Bruno Walter's »Städtische Oper«. Otto Klemperer conducted at the »Kroll Oper«, Wilhelm Furtwängler at the »Philharmonie«. In Berlin studios Ernst Lubitsch, Fritz Lang und F.W. Murnau were making their expressionist films. Then there was the world of vaudeville and satirical reviews in the West End: names such as Rudolf Nelson, Claire Waldoff, Fritzi Massary were the talk of the town. The avant-garde in art was dominated by such names as Hannah Höch, Karl Schmidt-Rottluff, George Grosz and Otto Dix. A feverish, progressive »Zeitgeist« prevailed even in the arts columns of the liberal press, for instance the »Vossische Zeitung«, »Berliner Tageblatt« and the »Tägliche Rundschau«.

The pace, waywardness and innovative thrust of the metropolis did not, however, make Berlin the pride of all Germany. In the provinces Berlin often stood for everything that was »ungerman«, a city of Babel built on Bran-

les rues, quelques jours seulement, car le climat libéral de la ville ne les tolère pas plus longtemps.

En dépit cependant des catastrophes politiques et économiques de l'époque de Weimar, la ville reprend son essor. Peu après la guerre, en 1920, le Grand Berlin se développe, atteignant alors sa superficie actuelle – c'est de cette année-là que date l'intégration de la plus grande partie du Berlin-Ouest d'aujourd'hui. Le gigantesque creuset compte quatre millions d'habitants qui, vu les contingences de l'époque, n'y vivent pas mal. Des espaces verts sont aménagés dans tous les arrondissements et la construction en masse de logements n'a rien de commun avec les »casernes« d'avant-guerre. La panacée de l'époque est la construction dispersée, dans la verdure; en architecture comme en urbanisme, on ose des conceptions révolutionnaires à peine égalées de nos jours, qu'il s'agisse de la cité »Onkel Toms Hütte« en pleine forêt à Zehlendorf, de la zone d'urbanisation en coopératives »Freie Scholle« à Tegel ou encore – conception la plus étonnante de toutes – du grand ensemble en fer à cheval de Bruno Taut dans le faubourg de Britz.

Ce qui vient alors toucher la vie de chacun, c'est la culture des années vingt dont le mythe veut qu'elle ait ses racines à Berlin. En réalité, rien n'est nouveau car tout ce qui se veut gai, éblouissant, décadent, tout ce qui fait impression sur les scènes de théâtre, dans les galeries d'art et les publications date de l'avant-guerre. Pourtant l'académisme officiel et bourgeois de l'Empire wilhelmien a disparu avec l'avant-guerre. Ce qui est resté, c'est l'avant-garde: quelque peu assagie, elle est encore provocatrice et excitante. Au théâtre, le »Deutsches Theater« de Max Reinhardt rivalise avec le »Schauspielhaus« de Leopold Jessner et les mises en scène révolutionnaires d'Erwin Piscator à »Nollendorfplatz«. A l'opéra, ce sont Erich Kleiber et Leo Blech à la »Staatsoper« et Bruno Walter à la »Städtische Oper«. Otto Klemperer dirige à l'Opéra Kroll et Wilhelm Furtwängler à la Philharmonie. Ernst Lubitsch, Fritz Lang, F.W. Murnau tournent ici leurs films expressionnistes. Et puis, dans l'Ouest de la ville, le monde des variétés avec Rudolf Nelson, Claire Waldoff, Fritzi Massary – autant de noms qui défrayent la chronique et les conversations. Dans les arts plastiques, l'avant-garde domine la scène – entre autres Hannah Höch, Karl Schmidt-Rottluff, George Grosz, Otto Dix. Jour pour jour, l'esprit du temps, fiévreux, progressiste, se manifeste dans la page culturelle des quotidiens »Vossische Zeitung«, »Berliner Tageblatt« ou »Tägliche Rundschau«.

Mais cette métropole qui vit à toute allure, comme déracinée, toujours en quête du neuf, ne fait pas toujours la fierté des Allemands. Pour la province, Berlin est souvent synonyme de »non-allemand«, Tour de Babel dans les sables de la Marche. Berlin, c'est le »journalisme de bitume«, la décadence et l'immoralité profonde, ce

U-Bahn-Eingang auf dem Potsdamer Platz.
Aufnahme um 1930

Entrance to the Underground at Potsdamer Platz.
Photograph, about 1930

Bouche de métro sur le Potsdamer Platz.
Photographie, vers 1930

Der Leipziger Platz, das ehemalige Oktogon. Aufnahme 1928

Leipziger Platz, the former Oktogon. Photograph, 1928

L'ancien octogone du Leipziger Platz. Photographie, 1928

Arbeiterquartier aus dem Ende des 19. Jahrhunderts im Bezirk Kreuzberg. Aufnahme 1967

Working-class housing from the end of the 19th century. Photograph, 1967

Quartier ouvrier à la fin du 19ᵉ siècle dans l'arrondissement de Kreuzberg. Photographie, 1967

Die Jazzband »Teddy Sinclair« in einem Vergnügungslokal der Innenstadt. Aufnahme um 1930

The Teddy Sinclair Jazzband in a city nightclub. Photograph, around 1930

Le jazz-band »Teddy Sinclair« dans une boîte de nuit du centre-ville. Photographie, vers 1930

Fackelzug durch das Brandenburger Tor nach der Ernennung Adolf Hitlers zum Reichskanzler am 30. Januar 1933

Torchlight parade through the Brandenburg Gate after Adolf Hitler's appointment as Chancellor on 30. January 1933

Retraite aux flambeaux sous la Porte de Brandebourg après la nomination d'Adolf Hitler comme chancelier du Reich le 30 janvier 1933

Feuilletons der »Vossischen Zeitung«, des »Berliner Tageblatts« oder der »Täglichen Rundschau«.

Das Tempo, die Wurzellosigkeit, das ewig Neue – das macht die Metropole nicht nur zum Stolz der Deutschen. In der Provinz ist Berlin oft genug Chiffre für Undeutsches schlechthin, ein Babel auf märkischem Sand. Berlin, das steht hier für »Asphalt-Journalismus«, für Dekadenz und abgrundtiefe Unmoral, für aufregende Betrugsaffären und Bestechungsskandale, zugleich für die Verachtung, die man der Republik und ihrem Gefüge entgegenbringt. Diesen »Augias-Stall auszumisten« gehört zu den beliebtesten Metaphern nationalistischer und völkischer Demagogen.

Dann kommt der tiefe Einbruch der Weltwirtschaftskrise – für Berlin, wo sich ein Sechstel der gesamten deutschen Industrieproduktion konzentriert, mit besonders katastrophalen Folgen verbunden. Jeder zehnte deutsche Erwerbslose lebt in der Hauptstadt, und da die Wohlfahrt Sache der Gemeinden ist, steigt deren Finanzbedarf ins Ungemessene, während die Steuerausfälle zunehmen. Seit dem Winter 1931/32 tagt die Stadtverordnetenversammlung kaum noch, weil die Verwaltung finanziell gelähmt ist. In das Chaos stoßen die extremen Kräfte von rechts wie von links, Kommunisten und Nationalsozialisten. Saalschlachten und Straßenkrawalle sind alltäglich. Im Frühjahr 1932 muß die Universität wegen Schlägereien zwischen den Studenten geschlossen werden. Sitzungen des preußischen Landtags werden abgebrochen, die Anzahl der Toten in Straßenschlachten wird dreistellig. Anfang November 1932 erreicht der Bürgerkrieg mit dem Streik der Berliner Verkehrs-Betriebe seinen Höhepunkt: Arm in Arm legen Kommunisten und Nationalsozialisten den Verkehr lahm; es gibt abermals Tote, und nach dem Streik verlieren 2.500 Arbeiter ihren Arbeitsplatz.

Kein Wunder, daß viele Berliner erleichtert sind, als am 30. Januar 1933 derjenige Mann zum Reichskanzler ernannt wird, der am lautesten Ruhe und Arbeit versprach. Aber Jubel ist nicht die allgemeine Stimmung; bei allen Reichstagswahlen lag der nationalsozialistische Stimmenanteil in Berlin weit unter dem Reichsdurchschnitt. Der Dichter Rudolf Binding schreibt jetzt an einen Freund: »Die Stadt ist gedrückt – merklich. Die Leute haben Angst.«

V

Und dafür gibt es hinreichend Grund. Die Straßen sind nun frei für die braune Bürgerkriegsarmee, und die SA nutzt die Situation, um ein ungehemmtes Schreckensregiment gegen Andersdenkende zu errichten. Juden, Sozialisten, Demokraten verschwinden in den Folterkellern der SA-Kasernen und in »wilden«, also noch nicht von oben her administrierten Konzentrationslagern.

denburg sand. In the phraseology of the narrow-minded, Berlin was the hotbed of subversive »asphalt journalism«, decadence and immorality, the centre of sensational fraud and corruption scandals. Behind all this lay an avidly propagated contempt for the very foundations of the republic. The declared intention to clear out this filthy »Augean stable« became a key slogan in nationalist and racist propaganda.

Then came the shock of the world economic crisis which had a catastrophic effect on Berlin where one sixth of Germany's industrial production was concentrated. A tenth of the country's unemployed lived in Berlin. The responsibility for social assistance lay in the hands of the local government whose expenditure rose astronomically whilst the necessary income from taxes continually declined. The city parliament rarely met after the winter of 1931/32 because the administration was financially paralysed. In the chaos right and left-wing forces, National Socialists and Communists, met in confrontation. Fighting broke out at public meetings and on the streets and became an everyday occurrence. In the spring of 1932 the university was closed because of student fighting. The Prussian parliament was suspended. Hundreds died in street fighting. At the beginning of November 1932, civil war reached its climax when Berlin public transport workers went on strike: arm in arm, Communists and National Socialists paralysed local transport; there were even more deaths and after the strike 2,500 workers lost their jobs.

No wonder that many Berliners were relieved on 30. January 1933 when Adolf Hitler came to power, the man who most loudly promised peace and work. However, the rejoicing was by no means unanimous: general elections had always shown that the National Socialists had the least hold in Berlin, collecting votes far below the national average. In a letter to a friend the author Rudolf Binding wrote: »The city is subdued – extremely. The people are frightened.«

V

And they had good reason. The streets were now free for the SA, the army of the Nazi party, who exploited their power to establish a reign of unrestrained terror against dissidents. Jews, socialists, democrats disappeared into the torture chambers at SA-barracks and »wildcat« concentration camps, not yet systematically organized by the administration. Many people disappeared for ever. On 27. February 1933, the Reichstag was burnt down. Civil rights were suspended, the SA became auxiliary police and terror was promoted to pseudo-legality. Jewish and politically undesirable civil servants, academics, artists and writers lost their jobs overnight: left-wing and liberal parties were harassed and prohibited one after the other.

sont les affaires de fraude et les scandales de corruption, c'est également le symbole du mépris de la République et de ses structures. Aussi l'expression »nettoyer cette écurie d'Augias« devient-elle l'une des métaphores préférées des démagogues nationalistes et racistes.

Puis c'est la cassure profonde de la crise économique mondiale dont les conséquences seront particulièrement lourdes pour Berlin où est concentré le sixième de la production industrielle allemande. Un chômeur sur dix vit dans la capitale et comme l'assistance est du ressort des municipalités, leurs besoins de financement s'accroissent démesurément alors que les moins-values fiscales augmentent aussi. Depuis l'hiver 1931/32, le Conseil municipal ne siège quasiment plus parce que l'administration est financièrement paralysée. C'est dans ce chaos que foncent les forces extrêmistes, de droite comme de gauche, nationaux-socialistes et communistes. Dans les salles et dans les rues, bagarres et émeutes font partie du quotidien. Au printemps 1932, l'université est fermée à cause des bagarres entre étudiants. Les séances du Landtag prussien sont suspendues, on compte des centaines de morts dans les combats de rues. Début novembre, la guerre civile atteint son apogée avec la grève des transports berlinois: main dans la main, communistes et nationaux-socialistes paralysent le trafic; il y a de nouveau des morts et à la fin de la grève, 2.500 ouvriers perdent leur emploi. Rien d'étonnant à ce que de nombreux Berlinois poussent un soupir de soulagement lorsque le 30 janvier 1933 l'homme qui promit le plus fort le retour au calme et au travail est nommé chancelier du Reich. Mais l'exultation n'est pas générale. A Berlin, dans toutes les élections au Reichstag, le nombre de voix des nationaux-socialistes a toujours été nettement inférieur à la moyenne allemande. Le poète Rudolf Binding écrit à l'un de ses amis: »La ville est triste – c'est sûr. Les gens ont peur.«

V

Et pour cause. Les rues sont nettoyées pour qu'y déferlent les chemises brunes. Les SA profitent de toutes les occasions pour dechaîner la terreur sur tous ceux qui pensent »autrement«. Juifs, socialistes, démocrates disparaissent dans les caves de torture des casernes SA et dans les camps de concentration qui, sans être encore administrés d'en haut, existent déjà. Nombre d'entre eux ne reviennent pas. Le 27 février 1933, le Reichstag brûle. Les droits fondamentaux sont suspendus, la SA est devenue police parallèle, la terreur est mise en place sous le couvert de la légalité. Les licenciements pleuvent sur les fonctionnaires, libéraux ou juifs, sur les scientifiques, les artistes. Les partis démocratiques sont tracassés et peu à peu interdits. Bientôt, on s'attaque aux magasins juifs, les premières vitrines sont brisées, les livres »non allemands«

Manch einer bleibt verschwunden. Am 27. Februar 1933 brennt der Reichstag. Bürgerliche Grundrechte werden suspendiert, die SA ist Hilfspolizei, der Terror wird auf scheinlegale Füße gestellt. Liberale und jüdische Beamte, Wissenschaftler, Künstler werden entlassen, demokratische Parteien drangsaliert und nach und nach verboten. Bald klirren die ersten Schaufensterscheiben jüdischer Geschäfte, brennen »undeutsche« Bücher auf Scheiterhaufen. Ein Exodus der Kunst und des Geistes setzt ein, während Akademien und Hochschulen sich mit braun uniformierten Präsidenten und Rektoren schmücken und das Führerprinzip allenthalben, vom Kaninchenzüchter-Verband bis zur Zeitungsredaktion, seinen Einzug hält.

Der Terror ist die eine Seite der neuen Zeit, die Verführung die andere. Die nationalsozialistische Propaganda läuft auf Hochtouren. Archaische, gottesdienstähnliche Kulthandlungen, von der Beschwörung des Geistes Friedrichs des Großen beim »Tag von Potsdam« bis zur lichtdom-überwölbten Abschlußkundgebung der Olympischen Spiele 1936, zelebrieren den Mythos von Nation und Volksgemeinschaft. Modernität wird sichtbar: Mercedes-Silberpfeile rasen die Avus hinab, vom Funkturm strahlt man das erste Fernsehprogramm der Welt aus, und auf dem Tempelhofer Feld führt Hanna Reitsch den ersten Hubschrauber im Flug vor.

Der Berliner Alltag scheint normal zu sein, denn die Arbeitslosen sind von den Straßen, und hier und da gibt es Nischen, in denen man vor dem Zugriff der Machthaber geschützt ist. Daß Nachbarn verschwinden, daß im November 1938 die Synagogen brennen, daß Juden in der Öffentlichkeit mit dem gelben Stern gebrandmarkt werden, das wird auf das Konto Übereifriger geschrieben. Nur einige leisten Widerstand: sozialistische Arbeiter in den Betrieben, unbeugsame Christen in der Bekennenden Kirche, die sich vor allem in Dahlem um Pfarrer Niemöller scharen, einige Offiziere und Diplomaten, die gegen den Kriegskurs des Regimes arbeiten und im Ausland vor Hitlers Plänen warnen – ungehört.

Dann kommt, was man sich mit dem Dulden, der Zustimmung, dem Wegsehen eingebrockt hat: der Krieg und mit ihm, nach dem kurzen rauschhaften Beginn der Siegesparaden am Brandenburger Tor und der Fanfaren im Rundfunk, das Leben im Ausnahmezustand: die Bombennächte in den Kellern, die Lebensmittelkarten, die Kinder-Landverschickung, die Gefallenenmeldungen. Vom Güterbahnhof Grunewald aus werden die in Berlin gebliebenen Juden gen Osten abtransportiert, und viele ahnen, was dort mit ihnen geschieht. Währenddessen planen Hitler und sein Baumeister Speer die neue Welthauptstadt »Germania«, die sich erheben soll wie eine nationalsozialistische Jerusalem-Vision, Sinnbild der äußersten Hybris. Als gelte es, den Bomben zuvorzukommen, werden ganze Straßenzüge für neue Verkehrsachsen niedergelegt, und neben dem Reichstag soll sich eine

Soon, windows of jewish-owned shops were smashed and »ungerman« books burnt in the street. A great exodus from the world of art and science began whilst the academies and universities paraded new, brown-shirted presidents and vice-chancellors. The »Führer« principle took over everywhere, from the newspaper offices right down to the last amateur rabbit-breeders' club.

Terror was one aspect of the new era and manipulation of public opinion the other. Nazi propaganda was in full swing. Archaic ceremonies were performed like acts of religious worship: the spirit of Frederick the Great was invoked at the »Day of Potsdam«; the 1936 Olympic Games closed with a dramatic finale staged beneath a dome of light – all this was designed to promote the myth of national and racial entity. Modern technology was visibly on the move: the Mercedes »Silberpfeil« raced down the Avus, the world's first television programme was transmitted from the »Funkturm« and Hanna Reitsch demonstrated the first helicopter flight at Tempelhof aerodrome.

Daily life in Berlin seemed to have returned to normal. The unemployed had disappeared from the streets and there were still a few places where people felt safe from the grasp of the régime. The fact that neighbours mysteriously vanished, that the synagogues were burnt in November 1938, that Jews were publicly branded with a yellow star, was accepted by many as mere acts of excessive zeal. Only a few actively resisted: socialist workers in factories, unbowed Christians in the Confessing Church centred round Pastor Niemöller in Dahlem, a few officers and diplomats who worked against Hitler's war plans but whose warnings abroad went unheeded.

The results of all that had been tolerated, actively condoned or consciously overlooked, came with a vengeance: war. And after the brief euphoria unleashed by victory parades at the Brandenburg Gate and fanfares on the radio came life under a state of emergency: the nights in cellars and air-raid shelters, rationing, evacuation of children, death announcements. Remaining Berlin Jews were transported from Grunewald freight depot, off to the east, and many suspected what awaited them there. Meanwhile, Hitler and his chief architect, Speer, busily planned the new world capital »Germania«, which was to rise up like some national socialist vision of Jerusalem, the epitome of extreme, overweening arrogance. As if in anticipation of coming destruction whole streets were demolished to make way for gigantic roads radiating out from near the Reichstag. Its centre-piece was to be the »Halle des Volkes« (Hall of the German Race), with a dome that could easily accommodate the Eiffel Tower.

The allied bombers and the Red Army put a terrible end to all this. On 30. April 1945, Soviet soldiers hoisted the red flag on the Reichstag and within a week battle ceased. The war almost halved Berlin's population; fifty thousand dead lay buried beneath the ruins and of the

brûlés sur les bûchers. L'exodus des artistes et des intellectuels commence et l'uniforme brun fait son entrée aux postes de présidents et de recteurs des académies et des facultés. Partout, on s'aligne au »Führerprinzip« – de la petite association la plus anodine aux services de rédaction des grands journaux.

Marquée par la terreur, cette époque l'est aussi par la séduction. La propagande nazie bat son plein. Dans un cérémonial archaïque, rappelant l'exercice d'un culte, on célèbre le mythe de l'entité nationale et raciale, que ce soit en glorifiant la pensée frédéricienne le »Jour de Potsdam« ou en clôturant solennellement sous le dôme de faisceaux lumineux les Jeux olympiques de 1936. La modernité est à l'ordre du jour: les Mercédes »Silberpfeil« foncent sur le circuit de course de l'»Avus«, le »Funkturm« diffuse le premier programme télévisé du monde et Hanna Reitsch sur le terrain d'aviation de Tempelhof exécute le premier vol en hélicoptère.

La vie semble se dérouler normalement – il n'y a plus de chômeurs dans les rues et çà et là des abris pour échapper à la mainmise des hommes au pouvoir. Que les voisins disparaissent, que les synagogues brûlent en novembre 1938, que les juifs soient marqués de l'étoile jaune, tout cela est mis au compte de quelques fanatiques faisant preuve d'excès de zèle. Une minorité seulement s'engage dans la résistance au nazisme: ouvriers socialistes dans les entreprises, chrétiens inflexibles de l'»Eglise confessante« rassemblés surtout autour de Martin Niemöller, pasteur à Dahlem, quelques officiers et les diplomates qui s'opposent à la stratégie de guerre du régime et avertissent l'étranger des plans d'Hitler – tout cela en vain.

On a toléré, approuvé, fermé les yeux, il faut en payer la rançon: la guerre et avec elle, après la courte ivresse des parades et des fanfares à la radio, la vie en état d'urgence: nuits dans les caves sous les bombardements, cartes d'alimentation, évacuation des enfants, annonces des morts au front. De la gare de marchandises à Grunewald, les juifs restés à Berlin sont déportés vers l'Est et beaucoup pressentent ce qui les attend. Pendant ce temps, Hitler et son architecte Speer dressent les plans de la nouvelle capitale du monde »Germania«, l'utopique »Jérusalem« des visionnaires nazis, symbole de la démesure suprême. Comme pour venir au devant des bombes, on trace des artères entières, des nouveaux axes de circulation, et à proximité du Reichstag doit s'élever la »Halle des Volkes« dont les dimensions sont telles qu'elle pourrait abriter la Tour Eiffel.

Pourtant tout va être réduit à néant sous les bombes des Alliés et l'assaut de l'Armée rouge. Le 30 avril 1945, les soldats russes hissent le drapeau rouge sur le Reichstag, une semaine plus tard, les armes se taisent. Berlin ne compte pas la moitié du nombre d'habitants d'avant-guerre, cinquante mille morts gisent sous les décombres et sur plus de cent soixante dix mille juifs berlinois, à

Bücherverbrennung durch die Nationalsozialisten auf dem Opernplatz am 10. Mai 1933

National Socialists burning books in front of the Opera House on 10. May 1933

Livres brûlés par les nazis sur la Place de l'Opéra le 10 mai 1933

Eröffnung der XI. Olympischen Spiele in Berlin am 1. August 1936

Opening of the XI. Olympic Games in Berlin on 1. August 1936

Inauguration des XIes Jeux olympiques de Berlin le 1er août 1936

Die Synagoge in der Fasanenstraße, am 9. November 1938 in Brand gesteckt und verwüstet

The Synagogue in Fasanenstrasse, burnt and ravaged on 9. November 1938

La synagogue de la Fasanenstraße, incendiée er dévastée le 9 novembre 1938

Das Brandenburger Tor nach Beendigung der
Kampfhandlungen im Mai 1945

The Brandenburg Gate after capitulation in May 1945

La Porte de Brandebourg après les combats en mai 1945

Soldaten der vier Siegermächte vor dem Gebäude der
Berliner Stadtkommandanten an der Kaiserswerther Straße
in Dahlem 1948

Soldiers of the four victory powers in front of the
City Commandants' Building in Kaiserswerther Straße,
Berlin-Dahlem 1948

Soldats des quatre puissances victorieuses devant
le Conseil de contrôle inter-allié à Dahlem,
Kaiserswerther Straße en 1948

»Halle des Volkes« erheben, unter deren Kuppel der Eiffelturm leicht Platz fände.

Doch alliierte Bomber und die Rote Armee bereiten alledem ein schreckliches Ende. Am 30. April 1945 hissen sowjetische Soldaten die rote Fahne auf dem Reichstagsgebäude, eine Woche später schweigen die Waffen. In Berlin leben kaum noch halb so viele Menschen wie vor dem Krieg, unter den Trümmern liegen fünfzigtausend Tote, und von den einst mehr als hundertsiebzigtausend Berliner Juden haben knapp fünftausend überlebt, im Untergrund oder als Partner von Mischehen. Die äußeren Zerstörungen sind unabsehbar, weit mehr noch die seelischen.

VI

Ein Kaleidoskop von widersprüchlichen Bildern: Berlin nach dem Krieg. Russische Panzerkolonnen auf dem Kurfürstendamm, die alliierten Fahnen vor dem Kontrollratsgebäude am Kleistpark, Schwarzmarkt unter S-Bahn-Bögen, rote Röcke aus umgenähten Hakenkreuzfahnen, Kochtöpfe aus alten Wehrmachtshelmen, Hamsterfahrten in die Dörfer der Mark, Care-Pakete. Die heroische Zeit der Trümmerfrauen. Während aus dem Ruinenwirrwarr allmählich wieder Häuserzeilen und Straßenzüge auftauchen, wachsen die Schuttberge, der Teufelsberg vor allem: Über den Trümmern der ehemaligen Wehrtechnischen Fakultät türmen sich Tonnen Ruinenschutts zu einer der höchsten Erhebungen zwischen Harz und Ural, und auf dem Gipfel leuchten heute die Kuppeln einer amerikanischen Radarstation – die jüngste Geschichte Berlins auf einen Blick.

Das Reich zerschlagen, Preußen ausgelöscht – was soll da noch die Hauptstadt? Doch nach dem Willen der Alliierten existiert Deutschland »als Ganzes« weiter. Die oberste Regierungsgewalt amtiert als Alliierter Kontrollrat, zusammengesetzt aus den Oberkommandierenden der vier Besatzungsmächte, in Berlin, das deutsche Hauptstadt bleibt. Sie wird zum Sondergebiet erklärt, in vier Besatzungszonen geteilt und von den Befehlshabern der alliierten Truppen in Berlin gemeinsam verwaltet.

Der weltpolitische Gegensatz zwischen Ost und West wächst zusehends. Die Sowjetunion versucht, ihr strategisches Vorfeld zu arrondieren und sich mit einem Gürtel von Satellitenstaaten zu umgeben; das macht der Anti-Hitler-Koalition rasch ein Ende, und nirgendwo wirkt sich der Kalte Krieg so unmittelbar aus wie an der Nahtstelle zwischen den Weltsystemen: in Berlin. Die Bewohner der Westsektoren erleben 1948 nicht nur eine Währungsreform, sondern müssen auch erdulden, daß diese wirtschaftliche Bindung an Westdeutschland von sowjetischer Seite zum Anlaß genommen wird, West-Berlin total zu blockieren. Zur Überraschung Moskaus antworten die Westmächte mit der größten Luftbrücke, die die Welt je

170,000 Jews once living in Berlin barely five thousand remained, surviving in so-called mixed marriages or underground. The external devastation was incalculable, even more so the psychological effects.

VI

Post-war Berlin witnessed a kaleidoscope of conflicting images: Russian tanks on the Kurfürstendamm, the Allies' flags in front of the Control Council building at Kleistpark, black-market dealings beneath the S-Bahn bridges, red skirts sewed from old Nazi flags, cooking pots made out of army helmets, hoarders commuting to surrounding villages, care-parcels, the heroic work of the »Trümmerfrauen« – columns of women clearing the endless rubble. As old streets and houses re-emerged from the debris, the rubble rose into mountains, the most famous being the »Teufelsberg«: the rubble heaped here on the ruins of the former Defence Engineering Faculty forms one of the highest elevations between the Harz Mountains and the Urals. Its peak is now crowned with the glistening domes of an American radar station – Berlin's recent history at a glance.

The Third Reich vanquished, Prussia blotted out, what was the point of the capital? The Allies, however, decided Germany should continue to exist as »a whole«. The supreme governing body, the Allied Control Council, was formed by the Commanders-in-Chief of the four occupying powers, in Berlin, which remained the German capital. The city was declared a special area, divided into four occupied sectors and jointly administered by the Commanders of the Allied Forces in Berlin.

The contrast in world politics between East and West grew sharper. The Soviet Union tried to consolidate its strategic approaches by securing a belt of satellite states. This put a swift end to the Anti-Hitler Coalition, and nowhere were the effects of the cold war so immediately felt as at the convergence of the two world systems: in Berlin. In 1948 the people in the western sectors were confronted not only with a currency reform which formed economic ties with West Germany but also with the Soviet reply to this measure: the complete blockade of West Berlin. To Moscow's surprise the western allies mounted the biggest airlift the world had ever seen. In a unique organizational and human effort some one and a half million tons of food, fuel and building materials were brought in on almost two hundred thousand flights during the eleven months of the blockade; every two to three minutes an aircraft – nicknamed »Raisin Bombers« by the Berliners – either landed at or took off from one of the three West Berlin airfields.

At the same time the division of the city began. In September 1948, the freely elected Berlin City Council

peine cinq mille ont survécu, dans la clandestinité ou dans les mariages »mixtes«. Les dégâts matériels sont immenses, les ravages moraux le sont encore plus.

VI

Le Berlin d'après-guerre – un caleidoscope d'images contradictoires. Colonnes de chars russes sur le Kurfürstendamm, drapeaux alliés au Conseil de contrôle au Kleistpark, marché noir sous les arcades de la S-Bahn, jupes rouges taillées dans d'anciens drapeaux à croix gammée, casques de la Wehrmacht en guise de casseroles, déplacements pour faire ses provisions dans les villages de la Marche, »care-pakete« des Américains pour ravitailler la population. C'est l'époque héroïque des »Trümmerfrauen«, ces femmes qui ont reconstruit Berlin dans les décombres. Et alors que les premières façades et les premiers tronçons de rues émergent peu à peu des ruines, les décombres s'amoncellent, formant de véritables monts dont le »Teufelsberg«, sorti des tonnes de ruines là où se trouvait la faculté technique militaire, est l'un des sommets plus élevés entre le Harz et l'Oural – et, tout en haut, les coupoles d'une station radar américaine scintillent aujourd'hui – symbole de l'histoire récente de Berlin.

Le Reich démantelé, la Prusse effacée de la carte – à quoi bon garder alors la capitale? Pourtant, c'est la volonté des Alliés, l'Allemagne formant »un tout« existe encore. L'organe gouvernemental suprême est le Conseil de contrôle allié, composé des commandants des quatre puissances d'occupation. Son siège est à Berlin qui reste la capitale allemande. Elle est partagée en quatre zones d'occupation et administrée en commun par les commandants des troupes alliées à Berlin.

Sur le plan politique international, le contraste s'accroît à vue d'oeil entre l'Est et l'Ouest. L'Union soviétique essaye d'arrondir son terrain stratégique par une ceinture d'états satellites, ce qui met rapidement fin à la »coalition anti-hitlérienne«, et, aux confins des deux systèmes mondiaux, Berlin devient le terrain de prédilection de la guerre froide. Les habitants des secteurs occidentaux vivent non seulement la réforme monétaire de 1948 mais doivent tolérer que les Soviétiques profitent du fait que Berlin soit économiquement lié à l'Allemagne de l'Ouest pour réaliser le blocus total de Berlin-Ouest. A l'étonnement de Moscou, les puissances occidentales répliquent en créant le plus grand »pont aérien« que le monde ait jamais vu. Grâce à une organisation et des efforts humains exceptionnels, les »Rosinenbomber« (bombardiers distributeurs de friandises) déversent sur Berlin-Ouest, en onze mois de blocus et presque deux cent mille vols, un million et demi de tonnes de denrées alimentaires, de charbon, de matériaux de construction. On compte un décollage ou un atterrissage toutes les deux ou trois minutes sur l'un des trois aéroports de Berlin-Ouest.

gesehen hat. In einer einmaligen organisatorischen und menschlichen Anstrengung werden in den elf Blockademonaten mit fast zweihunderttausend Flügen ungefähr anderthalb Millionen Tonnen Lebensmittel, Kohlen, Baumaterialien eingeflogen; alle zwei bis drei Minuten startet oder landet ein »Rosinenbomber« auf einem der drei West-Berliner Flughäfen.

Gleichzeitig vollzieht sich die Spaltung der Stadt. Im September 1948 wird der frei gewählte Berliner Magistrat durch kommunistische Gewalttätigkeiten aus dem sowjetischen Sektor vertrieben; er findet später sein Domizil im Rathaus des Bezirks Schöneberg. Am 5. Dezember 1948 wird der Magistrat von der West-Berliner Bevölkerung durch Wahlen bestätigt. Während unter dem Oberbürgermeister Ernst Reuter (SPD) die West-Berliner Stadtregierung dem sowjetischen Druck erfolgreichen Widerstand entgegensetzt, installiert die Besatzungsmacht in Ost-Berlin einen eigenen Magistrat, dem Friedrich Ebert (SED), der Sohn des einstigen Reichspräsidenten, vorsteht. Nach den politischen Institutionen zerbrechen auch die des Geistes: Studenten und Lehrer der Universität im Sowjet-Sektor ziehen nach Dahlem, um hier eine Freie Universität zu gründen.

Die Spaltung Berlins macht der übergeordneten städtebaulichen Planung ein Ende. Der östliche Teil wird bald zur Hauptstadt der Deutschen Demokratischen Republik erklärt, einer zentralistischen Organisationsform unterworfen, während der westliche, größere einen ausgeprägt individuellen Charakter erhält. Das West-Berlin der fünfziger Jahre ist vieles zugleich: Schaufenster des Westens mit neuen Siedlungen wie dem Hansa-Viertel, Hoch- und Fabrikbauten, Geschäftshäusern, aber auch mit Schnellstraßen, die Gewachsenes zerstören. Hier ist ein Auffangbecken für Millionen Flüchtlinge, vor allem aber ein Symbol für die Freiheit. Berlin, das steht jetzt in aller Welt für Selbstbehauptungswillen und demokratischen Widerstand. Dieses lebendige, prosperierende, sich im Innern frei entfaltende Gemeinwesen ist ein schmerzhafter Stachel im Fleisch des sowjetischen Imperiums, zumal nach dem Aufstand vom 17. Juni 1953, den sowjetische Panzer in Grund und Boden walzen. West-Berlin zieht die Menschen magisch an, und so wächst der Strom der Flüchtlinge über die Stadt von 1949 bis 1961 auf 1.649.000 Menschen.

Die Sowjetunion spürt den Gesichtsverlust, den der »real existierende Sozialismus« erleidet. Im November 1958 fordert Chruschtschow den Abzug der Westalliierten aus Berlin und die Kontrolle der Zugangswege durch die DDR. Berlin soll »Freie Stadt« werden. Im Dezember weisen die Westmächte diese Forderung zurück. Später formuliert die Regierung Kennedy die drei Essentials für Berlin: Freiheit der Bevölkerung, Anwesenheit westlicher Truppen und freier Zugang nach Berlin. Der Nervenkrieg um die Stadt heizt sich auf, bis am 13. August

(Magistrat) was driven out of the Soviet sector by communist violence. Its new domicile was to become Schöneberg town hall. On 5. December 1948, the members of the Magistrat were confirmed in office by the voting population of West Berlin. Whilst the West Berlin city government under the leadership of the Lord Mayor and Social-Democrat, Ernst Reuter, successfully resisted Soviet pressure, the occupying power in East Berlin installed its own city government led by the Socialist Unity Party member, Friedrich Ebert, son of the first President of the Weimar Republic. The division of the political institutions was followed by a split in the academic sphere: students and teachers from the Humboldt University in the Soviet sector founded the Free University in Dahlem, part of the American sector.

The division of Berlin put an end to overall city planning. The eastern sector was soon declared capital of the newly founded German Democratic Republic (GDR) and subjected to a centralist form of organization. The western sectors, larger in area, assumed a decidedly individual character. West Berlin in the fifties combined many facets: a showcase of the West with new housing projects, such as the »Hansa Viertel«; sky-scrapers and factories; but also new motorways that destroyed much traditional substance. West Berlin not only became an interim shelter for millions of refugees but also symbolized freedom, the will to survive and resist the threat to democracy. This lively, prospering, freely developing community was a thorn in the flesh of the Soviet imperium, especially after the uprising of 17. June 1953, which was crushed by Soviet tanks. West Berlin had a magnetic effect, attracting a stream of refugees. Between 1949 and 1961, 1,649,000 people crossed the sector border into the West.

The Soviet Union began to feel the loss of face that »real socialism« was suffering. In November 1958, Krushchev demanded the withdrawal of the Western Allies from Berlin and the control of access routes by the GDR. The western powers rejected these demands in December. Later, Berlin was to become a »Free City«. In reply, the Kennedy government formulated the three essentials for Berlin: freedom for the people, western military presence and freedom of access to Berlin. The war of nerves escalated until 13. August 1961 when, overnight, GDR soldiers and paramilitary units erected walls, barbed-wire fences and ditches along the border. In the following weeks a concrete wall rose up round West Berlin. Anyone now trying to flee across the Wall risked his life in a hail of bullets from the border guards.

The Wall was a great shock. The limits of western power became as visibly clear as the permanence of the division. News of sensational escapes filled world press headlines; the shots and deaths demonstrated almost daily West Berlin's precarious situation with terrible clarity. Also, the feeling of being closed-in grew. West Berlin became de-

En même temps le partage de la ville s'accomplit. En septembre 1948, la municipalité berlinoise librement élue est expulsée du secteur soviétique par suite de violences communistes; elle élit plus tard domicile à l'hôtel de ville de Schöneberg. Au cours des élections du 5 décembre 1948, la municipalité est confirmée dans ses fonctions par la population de Berlin-Ouest. Alors que le gouvernement de Berlin-Ouest, avec son Premier Bourgmestre Ernst Reuter du parti social-démocrate (SPD) résiste à la pression soviétique, la puissance d'occupation à Berlin-Est installe sa propre municipalité sous la présidence de Friedrich Ebert du parti socialiste unifié (SED), fils de l'ancien président du Reich. Berlin, divisé dans ses institutions politiques, va l'être aussi dans sa vie intellectuelle: des étudiants et professeurs de l'université située dans le secteur soviétique viennent à l'Ouest pour y créer à Dahlem la Freie Universität.

La scission de Berlin met fin à la politique commune d'urbanisation. Le secteur oriental de la ville va bientôt devenir la capitale de la République démocratique allemande nouvellement créée, et être soumis à une forme d'organisation centralisée, tandis que la partie occidentale dont la superficie est plus vaste a un caractère individuel marqué. Le Berlin-Ouest des années cinquante est multiple: »vitrine de l'Occident« avec ses quartiers modernes, comme le Hansa-Viertel, ses constructions en hauteur, ses bâtiments industriels, ses immeubles commerciaux, mais aussi ses voies à grande circulation qui rompent la structure urbaine. C'est aussi le réservoir d'accueil de millions de réfugiés et surtout un symbole de liberté. Pour le monde entier, Berlin exprime la volonté de s'affirmer et symbolise la résistance démocratique. La prospérité, la vitalité de cette communauté qui s'épanouit librement en font une épine au pied de l'imperium soviétique, surtout après les émeutes du 17 juin 1953, radicalement réprimées par les chars soviétiques. Berlin-Ouest exerce un attrait magique et le flux des réfugiés passant par la ville de 1949 à 1961 croît sans cesse, atteignant 1.649.000 personnes.

L'Union soviétique sent que le »socialisme réel« est en train de perdre la face. En novembre 1958, Khrouchtchev lance un ultimatum imposant le retrait des Alliés occidentaux de Berlin et le contrôle des voies d'accès par la RDA. Berlin doit recevoir le statut de »ville libre«. En décembre, les puissances occidentales rejettent cette exigence. Plus tard, Kennedy formule ses trois »essentials« pour Berlin: liberté de la population, présence des troupes occidentales et liberté d'accès à Berlin. Dans ce climat de guerre des nerfs, la tension monte dans la ville jusqu'au 13 août 1961 où, pendant la nuit, les soldats de la RDA et des paramilitaires en civil mettent en place des barrages, des enchevêtrements de barbelés, des fossés le long de la limite intersectorale. En l'espace de quelques semaines, un mur de béton est sorti de terre, encerclant

Transportflugzeug der »Luftbrücke« während der Blockade West-Berlins 1948/49

Transport aircraft on the airlift during the blockade of West Berlin, 1948/49

Avion-cargo du »Pont aérien« pendant le blocus de Berlin-Ouest, 1948/49

Der amerikanische Stadtkommandant Generalmajor Maxwell D. Taylor und Berlins Regierender Bürgermeister Ernst Reuter im Kraftwerk West vor der Gedenktafel »Wiederaufbau im Luftbrückenjahr 1948/49 mit ERP-Mitteln« im Jahr 1950

The American city commandant, Major General Maxwell D. Taylor and Berlin's Governing Mayor, Ernst Reuter, in 1950 at the power station »Kraftwerk West« in front of the memorial plaque: »Rebuilt in the airlift year 1948/49 with funds from the European Recovery Program«

Le Général Maxwell D. Taylor, Commandant américain de la ville, et Ernst Reuter, Bourgmestre régnant de Berlin, en 1950 à la centrale Kraftwerk West devant la plaque commémorative de la reconstruction à l'aide du Plan Marshall (ERP) en 1948/49, année du »Pont aérien«

Sowjetische Panzer in der Leipziger Straße, Ecke
Mauerstraße am 17. Juni 1953

Soviet tanks at the corner of Leipziger Strasse and
Mauerstrasse on 17 June 1953

Chars soviétiques au carrefour Leipziger Straße/
Mauerstraße le 17 juin 1953

Die Berliner Mauer an der Bernauer Straße: Verstärkungs-
arbeiten unter Bewachung durch DDR-Grenzsoldaten
im Jahr 1962

The Berlin Wall at Bernauer Strasse: repair work
under the close watch of GDR border guards in 1962

Le Mur de Berlin à la Bernauer Strasse: travaux
sous la surveillance des soldats gardes-frontières
de la RDA en 1962

1961, über Nacht, DDR-Soldaten und paramilitärisch Uniformierte Mauern, Stacheldrahtverhaue und Gräben um den Westteil Berlins ziehen. Im Laufe einiger Wochen wächst rund um die Teilstadt ein Betonwall aus dem Boden. Wer noch versucht, nach West-Berlin zu fliehen, riskiert im Kugelhagel der Grenzwächter sein Leben.

Der Schock des Mauerbaus wirkt tief. Die Grenze der westlichen Macht wird ebenso sichtbar wie die Dauerhaftigkeit der Spaltung. Abenteuerliche Fluchthilfe-Aktionen beherrschen die Schlagzeilen der Weltpresse, die Schüsse und die Toten an der Mauer führen die Gefährdung West-Berlins fast täglich drastisch vor Augen. Aber auch das Gefühl, eingeschlossen zu sein, verstärkt sich. West-Berlin hängt am Tropf der Bonner Finanzhilfen. Es bleibt größte deutsche Industriestadt, doch Chefetagen und Planungsabteilungen der großen Firmen ziehen ab, und ihnen folgen viele Berliner. Die Einwanderungswelle von Gastarbeitern im städtischen Alltag zu akzeptieren, fällt den Berlinern anfangs nicht immer leicht, allen liberalen Traditionen zum Trotz.

Nirgendwo in Deutschland entfaltet sich der Jugend- und Studentenprotest so intensiv wie in der »Frontstadt« Berlin, und nach dem Tod des Studenten Benno Ohnesorg bei der Demonstration gegen den Besuch des Schahs explodiert die »Studentenrevolution« und stürzt die Stadt in turbulente Jahre.

VII

Berlin ist Testfall der Ost-West-Beziehungen. Das erweist sich einmal mehr, als im Zuge der allgemeinen Entspannungsbemühungen der beginnenden siebziger Jahre am 3. September 1971 das Viermächte-Abkommen über Berlin unterzeichnet wird. Die gewachsenen Bindungen West-Berlins an die Bundesrepublik wurden bestätigt. Damit tun sich neue Entwicklungschancen auf. Berlin – eine ganz normale Stadt? Das denn doch nicht. Noch spaltet die Mauer das Gemeinwesen, noch wird hier auf Menschen geschossen, die von einem Teil in den anderen wechseln wollen. Aber die Chancen, Berlin von der Frontstadt zur verbindenden Mitte zwischen Ost und West werden zu lassen, sind gewachsen. Was wäre der freie Teil Deutschlands ohne West-Berlin? Jeder Schritt nach dem Osten geht unweigerlich über Berlin.

Die Stadt vermag ihre schweren Belastungen in Guthaben umzumünzen. Wie hundertachtzig Jahre früher ist der Versuch geglückt, durch Geist zu ersetzen, was an Macht und Status verlorenging. West-Berlin ist wieder eine Stadt der Künste und Wissenschaften. Die vielen Bühnen, die Oper und die Orchester, die unterschiedlichen Richtungen der zeitgenössischen Malerei, von den Kritischen Realisten bis zu den Neuen Wilden sind Beweise für eine lebendige europäische Kulturstadt. Hier gibt es die beiden großen Universitäten, zahlreiche wei-

pendent on financial assistance from Bonn. It remained the largest German industrial city, but big firms began withdrawing their head offices and planning departments; and with them went many Berliners. Despite the city's liberal tradition, learning to accept the subsequent influx of foreign workers in everyday life was not always easy.

In no other German city did the youth and student protest movement develop so intensely as in the »frontier city« of Berlin. After the death of Benno Ohnesorg at a demonstration against the Shah's visit, the »student revolution« exploded, plunging the city into turbulent years.

VII

Berlin: the test case for East-West relations. Again this became apparent with the move towards détente in the early seventies when, on 3. September 1971, the Four Power Agreement on Berlin was signed. The established ties between West Berlin and the Federal Republic were confirmed. This opened up new perspectives for development – a normal city? Not quite. The Wall still divided the community, people were still human targets. However, the chance to transform Berlin from a frontier city into a connecting point between East and West had grown. What would the free part of Germany be without West Berlin? Every step towards the East inevitably has to be taken via Berlin.

The city has successfully transformed its heavy burdens into positive assets. As a hundred and eighty years ago, the loss of power and status has been effectively compensated by intellectual and artistic activity. West Berlin is again a city of arts and sciences. The many theatres, the opera and orchestras, the wide range in modern art – from the Critical Realists to the neo-expressionist »Neue Wilden« – are clear evidence of a lively European cultural city; the academic institutions include the two major universities, the Max Planck Institutes and the »Princeton on the Spree« – the Berlin Institute for Advanced Study. New ideas and new technology are now attracting new industries and with them come scholars, engineers, skilled labour. For some years now migrants to the city have outnumbered those leaving.

Yet West Berlin's vitality is not only sustained by the great cultural institutions but also by an intricate network of fringe activities – in ateliers, galleries, artists pubs and literary cafés. The alternative cultural scene is particularly evident in Kreuzberg, polemical and sometimes even violent. Openness provokes intellectual and artistic radicalism but it also produces creative space. Berlin's risks are also Berlin's chances.

Like other great cities West Berlin concentrates the political, economic and social trends of the epoch, both po-

Berlin-Ouest. Quiconque tente de fuir à l'Ouest risque sa vie sous les coups de fusil des gardes-frontières.

Le choc produit par la construction du Mur est profond, les limites de la puissance occidentale aussi manifestes que la durabilité de la scission. Les entreprises aventureuses pour aider les gens à s'enfuir font la une de la presse internationale; autour du Mur, presque quotidiennement, les coups de feu et les morts témoignent crûment du danger qui menace Berlin-Ouest. Le sentiment d'être enfermé s'intensifie. Berlin-Ouest est à la merci des subventions de Bonn. C'est toujours la plus grande ville industrielle d'Allemagne, mais les étages supérieurs et les services pensants déménagent, et, avec eux, beaucoup de Berlinois. En sens inverse, l'afflux de travailleurs migrants se développe et au début, malgré leur tradition libérale, les Berlinois n'acceptent pas toujours de plein gré leur intégration à la vie quotidienne.

Nulle part ailleurs en Allemagne, le mouvement protestataire de la jeunesse et des étudiants se déploie avec autant de virulence qu'à Berlin, »ville-front«, et après la mort de l'étudiant Benno Ohnesorg au cours des manifestations contre la visite du shah, la »révolte étudiante« éclate et emporte la ville dans des années de turbulence.

VII

Berlin est le point sensible des rapports Est-Ouest, ce qui se manifeste une fois de plus lorsque dans le cadre des efforts de détente du début des années soixante-dix, l'Accord quadripartite sur le statut de Berlin est signé le 3 septembre 1971. Les liens qui se sont développés entre Berlin-Ouest et la République fédérale d'Allemagne sont confirmés. Est-ce à dire que Berlin est devenue une ville normale? Non, quand même pas. Le Mur sépare toujours la ville et l'on tire toujours sur les gens qui veulent quitter. Mais les chances de voir la ville évoluer de la ville-front au carrefour de liaison entre l'Est et l'Ouest se sont accrues. Que deviendrait la partie libre de l'Allemagne sans Berlin-Ouest? Toute démarche en direction de l'Est passe inéluctablement par Berlin.

Son patrimoine lourd de charges, Berlin s'emploie à le convertir en avoir et a réussi, comme cent-quatre-vingts ans plus tôt, à compenser le déclin de pouvoir politique par sa vitalité intellectuelle et culturelle. Berlin-Ouest est de nouveau une ville des arts et des sciences. Les nombreux théâtres, l'opéra, les orchestres, les divers courants de la peinture contemporaine – des »Kritische Realisten« aux »Neue Wilden« – sont autant de signes concrets témoignant de sa vitalité de métropole culturelle européenne. Berlin-Ouest possède deux grandes universités auxquelles s'ajoutent de nombreux centres de recherche – instituts de la Société Max-Planck, Wissenschaftszentrum, Institute for Advanced Study (»Princeton sur la

tere Forschungsinstitutionen, von den Instituten der Max-Planck-Gesellschaft über das Wissenschaftszentrum bis zum »Princeton an der Spree«, dem Berliner Institute for Advanced Study. Neues Denken, neue Technik ziehen neue Industrien an. Mit ihnen kommen Gelehrte, Ingenieure, Facharbeiter in die Stadt. Seit einigen Jahren überwiegt die Zahl der Zuziehenden die der Abwanderer.

Doch die Vitalität West-Berlins beruht nicht nur auf seinem Potential an großer Kultur, an etablierter Wissenschaft, sondern auch auf dem dichten Geflecht kleiner und kleinster Künstlergruppen in Ateliers, Galerien, Künstlerkneipen und literarischen Cafés. Vor allem in Kreuzberg ist alternatives Kulturmilieu zu spüren, polemisch und gelegentlich auch handgreiflich. Offenheit fördert intellektuelle und ästhetische Radikalität, schafft aber auch geistige und künstlerische Spielräume. Berlins Gefährdungen sind seine Chancen. Hier ballen sich, wie in anderen großen Metropolen, die politischen, wirtschaftlichen und gesellschaftlichen Tendenzen der Epoche im Guten wie im Schlechten. Früher und deutlicher als anderswo wird hier die Zukunft der westlichen Gesellschaft sichtbar: die Legitimation der demokratischen Institutionen, die Tragfähigkeit der freiheitlichen und parlamentarischen Prinzipien, die Regierbarkeit eines kaum noch durchschaubaren, hochkomplexen Sozialgefüges, die Fähigkeit, Spannungen zwischen verschiedenen Kulturen auszuhalten. An seinem kleinen Außenposten kann der Westen ablesen, wo er gefährdet ist, wo seine Hoffnungen liegen.

Das Berlin jenseits der Mauer entwickelt sich derweil unter Aufbietung aller ökonomischen Kräfte des Staates zu dessen Schaufenster. Hier geschieht etwas anderes: Indem man sich auf die historische Substanz der Stadt besinnt und solche, wo sie nicht mehr auffindbar ist, reproduziert, wird ein Konservativismus vorgezeigt, wie er in der Geschichte der Stadt nie dagewesen ist. Die nostalgische Empfindung, die den westlichen Besucher angesichts künstlich verwitterter Fertigbaufassaden am alten Gendarmenmarkt überkommt, trügt nicht: Die Zeit der sozialistischen Zukunftsträume ist vorbei; wie gern hätte man jetzt das Hohenzollern-Schloß anstelle des Palastes der Republik.

Doch so schmerzhaft die Teilung ist, sie hat auch ihre Bequemlichkeiten; selbst im Schatten der Mauer läßt es sich leben, obwohl mit vielen Einschränkungen. Immerhin beschert der Hinweis auf den Osten, wo alles viel schlimmer ist, dem Westteil der Stadt und seinen Bewohnern, vor allem seinen Politikern, eine sichere Identität und zudem ein wirksames Argument, wenn es um politische und finanzielle Hilfe für den Vorposten des Westens geht.

sitive and negative. Here, the future of western society can be explored, sooner and more distinctly than anywhere else: the validity of democratic institutions, the viability of liberal and parliamentary principles, the governability of highly complex social structures, the ability to resolve conflicts between different cultures. By observing its »little outpost«, the West can assess where its dangers and hopes lie.

Across the Wall in East Berlin the state has been investing vast economic resources into building a showcase of its own. Here things are different. By consciously emphasizing the historical substance and reproducing what had disappeared, a type of conservatism has developed, unknown as yet in Berlin. The nostalgia aroused in western visitors by the artificially weathered, prefabricated façades of the »Gendarmenmarkt« do not deceive the eye for long: the age of the socialist dream is over; how much would one prefer to have the Hohenzollern Palace where the »Palast der Republik« now stands.

However painful the division may be, it also has its more convenient aspects; even under the shadow of the Wall life is worth living despite the many restrictions. What is more, the comparison to the East, where everything seems much worse, gives the western part of the city and its inhabitants – especially the politicians – a secure identity as well as an effective argument when the question of political and financial support for the »outpost of the West« arises.

VIII

On the evening of 9. November 1989 all of Berlin's previous certainties were swept aside in a tide of emotion: the border points opened and hundreds of thousands of incredulously happy people streamed from East to West, from West to East. Something which nobody had considered possible just a brief time before had actually come true: the Wall divided no more. This Wall had become a concrete metaphor epitomizing the border as a whole, a symbol of human contempt and total power; but the power of the Socialist Unity Party was unable to withstand the basic human will to freedom.

The failure of the Party and the fall of its inhumane symbol, the Wall, mesmerized the Berliners for a couple of weeks. Life in both parts of the city was transformed into a spontaneous festival of reunion – the reunion of people, not the reunification of states. What people were celebrating in the streets of Berlin was the plain and simple freedom to just go along and take a look for themselves.

The world followed the events with fascination. The Berliners gave cause for admiration: Had anyone ever considered the Germans east of the Elbe capable of both wanting and forcing through the peaceful transition to democ-

Spree«) –: pensée nouvelle, techniques nouvelles – des pôles d'attraction pour de nouvelles industries. Avec elles, savants, ingénieurs, ouvriers qualifiés reviennent à Berlin-Ouest dont le bilan démographique, depuis quelques années, est excédentaire.

Mais la vitalité de Berlin-Ouest ne repose pas seulement sur son potentiel de culture et de science »établies« mais aussi sur un dense réseau de petits groupes d'artistes dans les ateliers, les galeries, les bistros et les cafés littéraires. La scène alternative est particulièrement vivante dans le quartier de Kreuzberg, souvent polémique, parfois subversive. Ouverture d'esprit qui provoque la »radicalité« intellectuelle et esthétique, mais crée aussi des champs intellectuels et artistiques nouveaux. Les dangers de Berlin sont aussi ses chances. Ici, comme dans les autres métropoles, les grands courants politiques, économiques et sociaux de l'époque s'interpénètrent – en bien et en mal. Ici, plus tôt et plus nettement qu'ailleurs, on décèle les signes avant-coureurs, on prend le pouls de la société occidentale: légitimation des institutions démocratiques, pérennité des principes libéraux et parlementaires, aptitude à maîtriser un contexte social extrêmement complexe et sophistiqué, faculté d'endurer les tensions entre cultures diverses. Cette antenne extérieure permet au monde occidental de détecter les dangers et les espoirs.

Le Berlin de l'autre côté du Mur est en train de mettre en œuvre toutes les forces économiques de l'Etat dont il entend devenir la »vitrine«. On peut y observer l'évolution suivante: en prenant conscience du patrimoine historique de la ville et en reproduisant ce que l'on ne retrouve pas, on fait état d'un conservatisme tel qu'il n'a jamais existé au cours de l'histoire de Berlin. Le sentiment de nostalgie qu'éprouve le visiteur de l'Ouest au regard des façades préfabriquées de l'ancien Gendarmenmarkt artificiellement restaurées à l'ancienne, ne trompe pas: l'époque des rêves d'avenir du socialisme est révolue et l'on préférerait avoir aujourd'hui le palais imperial des Hohenzollern plutôt que le Palast der Republik.

Mais toute douloureuse que soit la division, elle a aussi ses commodités; on peut bien vivre à l'ombre du Mur, malgré les restrictions. Et la simple allusion à l'Est – où tout va beaucoup plus mal – garantit à la partie Ouest de la ville et à ses habitants, et surtout à ses responsables politiques, une identité sûre. C'est en outre un argument efficace lorsqu'il s'agit d'aide politique et financière au profit de l'antenne du monde occidental.

VIII

Au soir du 9 novembre 1989, toutes les certitudes berlinoises s'envolent dans l'effervescence des sentiments: les frontières s'ouvrent, les gens affluent, des centaines de

Viermächte-Abkommen über Berlin: Unterzeichnung im ehemaligen Kontrollratsgebäude am 3. September 1971 durch die Botschafter Sauvagnargues, Jackling, Abrassimow, Rush

Signing the Four Power Agreement on Berlin in the former Control Council Building, 3 September 1971 by the ambassadors Sauvagnargues, Jackling, Abrassimow, Rush

Accord quadripartite sur Berlin: Signature au siège de l'ancien Conseil de contrôle allié, le 3 septembre 1971 par les ambassadeurs Sauvagnargues, Jackling, Abrassimow, Rush

Präsident Reagan während der 750-Jahr-Feier Berlins 1987 am Brandenburger Tor

President Reagan at the Brandenburg Gate during Berlin's 750th anniversary celebrations in 1987

Le Président Reagan pendant la célébration du 750ème anniversaire de Berlin en 1987 à la Porte de Brandebourg

Menschenandrang am Mauerdurchbruch auf dem Potsdamer Platz am 12. November 1989

Crowds thronging at the new opening in the Wall at Potsdamer Platz, 12. November 1989

Affluence au nouveau point de passage de Potsdamer Platz le 12 novembre 1989

Mauer-Graffiti, heute weltweit begehrte und gehandelte Sammelobjekte

Berlin Wall graffiti, now internationally sought-after collectors' items

Un des graffitis du Mur, objets d'art aujourd'hui convoités et négociés

VIII

Am Abend des 9. November 1989 verfliegen alle Gewißheiten Berlins in einem Sturm der Gefühle: Die Grenzübergänge öffnen sich, Hunderttausende strömen, fassungslos vor Glück, von Ost nach West, von West nach Ost. Was kurz zuvor noch niemand für möglich gehalten hat, geschieht: Die Mauer trennt nicht mehr. Diese Mauer war zur steinernen Metapher der Grenze schlechthin geworden, zum Sinnbild der menschenverachtenden, totalen Macht; aber die Macht der Sozialistischen Einheitspartei hat dem Freiheitswillen der Menschen nicht standhalten können.

Ihr Scheitern und der Zusammenbruch ihres bösen Symbols, der Mauer, verzaubert die Berliner ein paar Wochen lang. Das Leben in beiden Teilen der Stadt verwandelt sich in ein Volksfest der Wiedervereinigung – der Wiedervereinigung von Menschen, nicht von Staaten, denn was in den Straßen Berlins gefeiert wird, das ist die einfache Freiheit, »rüberzugehen« und »bloß mal zu gucken«.

Die Welt verfolgt die Geschehnisse mit Faszination. Die Berliner geben Grund zur Bewunderung: Hat man den Deutschen ostseits der Elbe jemals zugetraut, den friedlichen Wandel zur Demokratie zu wollen und ihn aus eigener Kraft zu erzwingen? Gewiß, ohne die Umwälzungen in Ost-Europa wäre die Mauer nicht so bald zerbrochen. Die Veränderungen in der Sowjetunion, in Polen und Ungarn gingen voraus, und ohne die Öffnung der ungarischen Grenze wäre die Grenze in Berlin noch lange geschlossen geblieben. Wie so oft in der deutschen Geschichte wurde der Wandel von außen her in Gang gesetzt, aber in Berlin erhält er seine symbolischen Ausdrucksformen. Ihren vorläufigen Höhepunkt erreicht die Dramatik mit der Öffnung der Mauer am Brandenburger Tor, am Vorabend des Weihnachtsfestes 1989: Ein internationales Heer von Fernsehteams sorgt dafür, daß die ganze Welt Augenzeuge ist.

Welch ein Bild: Zweimal hat man am Brandenburger Tor den Einzug fremder Truppen in Berlin gesehen: 1806 die Soldaten Napoleons, 1945 die der siegreichen Anti-Hitler-Koalition. Oft waren preußische und deutsche Armeen nach ihren Siegen hindurchmarschiert. Das Brandenburger Tor hat die Rückkehr des geschlagenen deutschen Heeres nach dem Ersten Weltkrieg erlebt, bald darauf den Einzug der Kapp-Putschisten, 1933 dann den Fackelzug der Nationalsozialisten, dessen düsterer Glanz bereits den Höllensturz Hitlers und des Deutschen Reiches vorherahnen ließ. In seinem Umkreis haben sich blutige Kämpfe abgespielt, in den Revolutionen von 1848 und 1918 wie bei der Einnahme Berlins durch die Sowjetarmee 1945. Jedesmal war das Brandenburger Tor Symbol für etwas, das ganz Europa anging, und meistens auf verhängnisvolle Weise. Angesichts der Bilder vom Händedruck der beiden deutschen Regierungschefs, dann aber auch von dem ausgelassenen Freudenfest, das die Berliner in der Sylvester-

racy under their own strength? True, without the upheavals in East Europe the Wall would not have crumbled so quickly. The changes in the Soviet Union, Poland and Hungary paved the way and without the opening of the Hungarian border the Berlin border would have remained closed for much longer. As so often in German history the change was set in motion by external events but its particular symbolic forms of expression materialized in Berlin. The dramatic events reached an initial climax with the opening of the Brandenburg Gate immediately prior to Christmas 1989 and an international army of television teams enabled the world to witness the unique event.

What a picture! Twice in history foreign troops had entered Berlin through the Brandenburg Gate: in 1806 the soldiers of Napoleon, in 1945 those of the victorious Anti-Hitler Coalition. Prussian and German armies often marched through the Gate after their victories. The Brandenburg Gate bore witness to the return of the defeated German army after the First World War and shortly afterwards to the entry of the Kapp putsch supporters and then, in 1933, the torchlight parade of the National Socialists, the formidable glow of which seemed already to presage the infernal downfall of Hitler and the German Reich. The Gate was also close to scenes of bloody fighting during the revolutions of 1848 and 1918 and during the conquest of Berlin by the Soviet army in 1945. Each time the Brandenburg Gate symbolized something of relevance to the whole of Europe and usually in a fateful way. The pictures of the two German heads of government shaking hands and those of the Berliners welcoming in 1990 with their exuberant New Year celebrations at the Brandenburg Gate helped the world to understand that Germany and Europe are changing – this time for the better.

Today, walking in the centre of Berlin from the Brandenburg Gate to the Martin Gropius building can be quite a strange experience. Previously, there used to be an all too clearly prescribed, narrow path running immediately next to the Wall. Everything seemed so very simple. Now that the Wall has gone, walking from Pariser Platz to Potsdamer Platz is like wandering through a surrealistic dreamworld – a vast wasteland, here and there an isolated building, ruins, rubble and, somewhere beneath the surface, a labyrinth of mole-like tunnels leading to Hitler's old bunker. The openness of the landscape is so overwhelming that it has become amazingly easy to lose one's bearings.

This new openness in the heart of Berlin bears some resemblance to the changing mental landscape sensed by Germans and other Europeans since 1989. It has suddenly dawned on people how very much at home they felt in the seemingly unshakeable stability of the post-war world. Despite decades of official reunification pathos, nobody had worked out a blueprint for German unity and all hopes of a united Europe ended abruptly at the iron

milliers, débordant de joie, de l'Est à l'Ouest, de l'Ouest à l'Est. Ce qui, peu de temps avant, était impensable, se produit: le Mur ne divise plus – ce Mur devenu pourtant la métaphore pétrifiée de la frontière qui sépare, le symbole du pouvoir total qui méprise l'homme; mais le pouvoir du parti socialiste unifié (SED) n'a pas pu résister à la volonté de liberté de la population.

Son échec et l'effondrement de son symbole hideux a pendant des semaines emporté les Berlinois dans l'allégresse. Des deux côtés de la ville, la vie se mue en une grande fête populaire des retrouvailles. Ce que l'on fête dans les rues, ce n'est pas la réunification des Etats, mais celle des gens qui se retrouvent, c'est la simple liberté de »passer de l'autre côté«, »rien que pour voir«.

Le monde suit les événements avec fascination. Les Berlinois suscitent l'admiration: a-t-on jamais cru qu'à l'Est de l'Elbe, les Allemands pourraient s'engager dans cette marche pacifique vers la démocratie et la réaliser de leur propre force? Certes, sans les bouleversements en Europe de l'Est, le Mur n'aurait pas pu s'effondrer aussi vite; l'Union soviétique, la Pologne et la Hongrie ont vécu les changements précurseurs et sans l'ouverture de la frontière hongroise, la frontière berlinoise serait restée fermée pour longtemps. Une fois de plus dans l'histoire allemande, les événements, partis de l'extérieur, prennent à Berlin forme de symbole. L'émotion atteint son point culminant à la veille de Noël 1989 avec l'ouverture du Mur à la Porte de Brandebourg. Les télévisions du monde entier sont là sur place: le monde entier sera témoin.

Un symbole lourd d'histoire. A deux reprises, la Porte de Brandebourg a vécu l'entrée dans Berlin des troupes étrangères: en 1806, les soldats de Napoléon, en 1945, les troupes des vainqueurs d'Hitler. Les armées prussiennes et allemandes y ont maintes fois défilé après leurs victoires. Elle a vu rentrer l'armée allemande vaincue à la fin de la première guerre mondiale, peu de temps après les nationalistes du putsch de Kapp-Lüttwitz, et en 1933 le défilé aux flambeaux des nationaux-socialistes dont l'éclat portait déjà en lui le pressentiment lugubre de l'enfer hitlérien et de la chute du Reich. Non loin de la Porte de Brandebourg ont eu lieu des combats sanglants, pendant les révolutions de 1848 et de 1918, ainsi que lors de la prise de Berlin par l'armée soviétique en 1945. A chaque fois, la Porte de Brandebourg était le symbole de quelque chose qui touchait l'Europe toute entière, le plus souvent de manière fatale. En voyant les images de la poignée de main des deux chefs de gouvernement allemands, puis celles de l'explosion de joie de la nuit de la Saint Sylvestre autour de la Porte de Brandebourg, le monde comprend que l'Allemagne et l'Europe sont en train de changer, dans un meilleur sens cette fois-ci.

Le spectacle que réserve aujourd'hui le centre de Berlin au promeneur se rendant de la Porte de Brandebourg au Martin-Gropius-Bau est étrange. Autrefois, il suffisait de suivre le sentier étroit mais par trop rectiligne – le long du

nacht 1989 am Brandenburger Tor feiern, begreift jetzt die Welt, daß Deutschland und Europa sich verändern werden, diesmal jedoch zum Besseren.

Wer sich in unseren Tagen in der Mitte Berlins auf den Spaziergang vom Brandenburger Tor zum Gropius-Bau begibt, der muß sich auf einen sonderbaren Eindruck gefaßt machen. Früher hatte man einen schmalen, aber nur zu deutlich gekennzeichneten Pfad zurückzulegen gehabt: immer die Mauer entlang, ganz einfach. Jetzt, nach dem Verschwinden der Mauer, bewegt sich der Spaziergänger vom Pariser Platz bis zum Potsdamer Platz wie in einer surrealistischen Traumlandschaft – ringsum Steppengelände, hier und da ein stehengebliebenes Haus, Trümmer, Schutt, irgendwo unter den Füßen immer noch die alten Maulwurfsgänge von Hitlers Bunker. Die Landschaft ist überwältigend offen, doch man kann sich neuerdings auch leicht verlaufen.

Die neue Offenheit in der Mitte Berlins hat Ähnlichkeiten mit der geistigen Landschaft, in die die Deutschen und andere Europäer sich seit 1989 versetzt finden. Jetzt erst wird deutlich, wie bequem sie sich in der scheinbar so stabilen Nachkriegswelt haben einrichten können. Trotz des jahrzehntelangen offiziellen Wiedervereinigungspathos ist die deutsche Einheit nie wirklich gedacht worden, und alle Hoffnungen auf ein geeintes Europa haben bis dahin am Eisernen Vorhang haltgemacht. Nach dem Untergang einer europäischen Ordnung, die ungerecht, aber stabil war, erleben wir jetzt das Entstehen einer neuen Welt, die gerechter und hoffnungsvoller, jedoch auch gefährdeter ist. Waren bisher die feindlichen Weltmächte nirgendwo so unmittelbar miteinander konfrontiert gewesen wie in Berlin, so werden die Schmerzen und Hoffnungen, mit denen sich Ost und West heute miteinander zu vereinigen suchen, nirgendwo so direkt erlebt wie in Berlin. Nicht Berlins Vergangenheit in der deutschen Geschichte rechtfertigt eigentlich die erneute Verwandlung in die deutsche Hauptstadt, sondern Berlins symbolische wie tatsächliche Lage in der Mitte zwischen Ost und West. Die Stadt hat selten in ihre Vergangenheit zurückgeblickt – die alte Hauptstadt Preußen-Deutschlands ist längst erloschen, die Zukunft gehört der Metropole in der Mitte Europas. Von dieser Mitte her muß Berlins Zukunft gedacht werden, und das in einem Maßstab, der diesem Anspruch gerecht wird. In der baulichen und stadtplanerischen Erscheinung muß sich Berlin in der europäischen Mitte ebenso großzügig und kühn darstellen wie in der Qualität der wissenschaftlichen und künstlerischen Einrichtungen, aber auch in der weit vorausschauenden Konzeption der verkehrstechnischen Einbindungen. Dann kann sich die Voraussage des englischen Historikers Alan Bullock erfüllen: »Berlin besitzt einen größeren Anspruch darauf als jede andere Stadt, symbolische Mitte des 20. Jahrhunderts genannt zu werden, wie London es im 19. Jahrhundert war.«

curtain. Now that an unjust but stable European order has been dismantled, we are experiencing the formation of a different world which promises not only new hope and more justice but also greater risk. Until now, the direct confrontation between world powers was nowhere more apparent than in Berlin and it is understandable that the pains and hopes associated with reconciliation between East and West are experienced most immediately in Berlin. It is not Berlin's former role in German history that justifies its renewed transformation into the country's capital but more its symbolic and actual geographical position centred between East and West. Berlin has rarely looked back in time and, as the old capital of Prussian Germany has long since faded, the future will belong to a metropolis in the heart of Europe. Berlin's future should be considered from this central standpoint and on a scale that does justice to these aspirations. This calls for generous and innovative approaches in planning and architecture, quality in the city's scientific and artistic institutions and a great deal of foresight in the development of transport and communications. The prophecy of the English historian, Alan Bullock, may well then prove true: »Berlin has a better title than any other place to be regarded as the symbolic city of the twentieth century – certainly in Europe – as London was of the nineteenth.«

mur tout simplement. Aujourd'hui, depuis que le mur a disparu, c'est un paysage surréaliste qui s'offre aux yeux du promeneur entre Pariser Platz et Potsdamer Platz – terrain vague troué çà et là par quelque maison oubliée, ruine ou gravats, abritant encore les vieux souterrains du bunker d'Hitler. Paysage singulièrement ouvert où il n'est pas rare que l'on se perde.

Paysage ouvert géographiquement au centre de Berlin, paysage ouvert mentalement pour les Allemands et les Européens depuis les événements de 1989. On découvre soudain que l'on s'était confortablement installé dans l'apparente stabilité du monde de l'après-guerre. En dépit du pathos des discours officiels de réunification durant des décennies, l'unité allemande n'a jamais était véritablement pensée, et les espoirs d'union européenne ont fait halte devant le rideau de fer. Après l'éclatement de l'ordre européen, injuste certes, mais stable, nous vivons aujourd'hui la genèse d'un monde nouveau, plus juste, plus prometteur, mais aussi plus fragile. Nulle part les puissances ennemies n'ont été plus directement confrontées qu'à Berlin, nulle part les douleurs et les espoirs d'unification entre l'Est et l'Ouest ne sont vécues plus directement qu'à Berlin. Ce n'est pas le passé de Berlin dans l'histoire allemande qui justifie sa réélection au rang de capitale mais son site symbolique et réel aux confins de l'Est et de l'Ouest. Regard d'une métropole sur son passé? Non, l'ancienne capitale de l'Allemagne prussienne n'est plus, et ce depuis longtemps, l'avenir appartient à la métropole au centre de l'Europe. C'est de là que Berlin doit penser son avenir, à une échelle qui doit être à la hauteur de cette exigence. Berlin doit faire preuve de générosité et d'audace à tous points de vue: architecture, urbanisation, qualité des institutions scientifiques et artistiques, conception des voies de communication de demain. Ainsi se réaliseront les prévisions de l'historien anglais Alan Bullock: »Comme Londres au dix-neuvième siècle, Berlin plus que toute autre ville, mérite d'être qualifié de centre symbolique du vingtième siècle.«

Kleiner »Mauerspecht« im Einverständnis mit Angehörigen der DDR-Grenztruppe

A young »Wall Woodpecker« and GDR border guards in peaceful agreement

Jeune »picvert« à l'ouvrage sous le regard bienveillant des gardes-frontière de la RDA

Am 3. Oktober 1990 wird zum Tag der Deutschen Einheit vor dem Reichstag die bundesdeutsche Flagge gehißt

Hoisting the federal flag in front of the Reichstag on 3 October 1990, the German Unification Day

Le 3 octobre 1990, pour célébrer l'unité allemande, on hisse le drapeau d'Allemagne Fédérale devant le Reichstag

Berlins Wahrzeichen: das Brandenburger Tor von Carl Gotthard Langhans
Berlin's symbol: the Brandenburg Gate by Carl Gotthard Langhans
Le symbole de Berlin: la Porte de Brandebourg, de Carl Gotthard Langhans

Johann Gottfried Schadows Quadriga mit der Siegesgöttin auf dem
Brandenburger Tor

Johann Gottfried Schadow's quadriga and goddess of victory on the
Brandenburg Gate

Sur la Porte de Brandebourg, le quadriga avec la déesse de la victoire, de
Johann Gottfried Schadow

Das Reichstagsgebäude von Paul Wallot

The Reichstag designed by Paul Wallot

Le Reichstag construit par Paul Wallot

Blick auf den Platz der Republik mit dem Reichstagsgebäude

View of Platz der Republik and the Reichstag

Vue sur le Platz der Republik avec le Reichstag

Die Friedrichwerdersche Kirche, 1824 bis 1830 von Karl Friedrich Schinkel errichtet und heute Schinkelmuseum, mit dem Denkmal für den Freiherrn vom Stein

Friedrichwerdersche Church, now the Schinkel Museum, built 1824–1830 to plans by Karl Friedrich Schinkel. In the foreground the Freiherr vom Stein memorial

L'église Friedrichwerdersche Kirche, bâtie entre 1824 et 1830 par Karl Friedrich Schinkel, aujourd'hui Schinkel-Museum, avec le monument à la mémoire de Freiherr vom Stein

Zentrum des städtischen Gemeinwesens: das als roter Backsteinbau
1869 vollendete Berliner Rathaus von Hermann Friedrich Waesemann

The city's administrative centre: Berlin Town Hall, a redbrick construction
designed by Hermann Friedrich Waesemann and completed in 1869

Centre de la vie municipale, le Berliner Rathaus, l'hôtel de ville de briques
rouges, achevé en 1869 par Hermann Friedrich Waesemann

Gegensätze der Architektur: der »Palast der Republik« und der Berliner Dom
Contrasts in architecture: the »Palast der Republik« and Berlin Cathedral
Contrastes architecturaux: Le »Palast der Republik« et le Berliner Dom

Karl Marx und Friedrich Engels (stehend): Figurengruppe von Ludwig Engelhardt

Ludwig Engelhardt's sculpture of Friedrich Engels standing beside Karl Marx

Karl Marx et Friedrich Engels (debout), sculpture de Ludwig Engelhardt

Schinkel-Figurengruppe auf der alten Schloßbrücke

Figures on the old Schloßbrücke (Palace Bridge) designed by Karl Friedrich Schinkel

Karl Friedrich Schinkel: sculptures sur l'ancien pont du château

Historisierend rekonstruierte Häuserzeile an der Burgstraße oberhalb der Spree;
im Hintergrund links der Dom, rechts die Spitzen der Nikolaikirche
und des Fernsehturms

Historicized reconstruction of buildings in Burgstrasse on the north bank of the Spree;
in the background, the Cathedral to the left, the spires of the Nikolai Church and
the television tower to the right

Bloc de maisons reconstruites dans le style de l'époque, Burgstraße le long de la Spree;
à l'arrière plan sur la gauche le Berliner Dom et sur la droite, le clocher de la
Nikolaikirche et la tour de la télévision

Altstadtidylle im Nikolai-Viertel

Old-town idyll in the Nikolai Quarter

Idylle de vieille ville dans le quartier de Nikolai

Straßentheater vor der Nikolai-Kirche, der ältesten Kirche Berlins,
im wiederaufgebauten gleichnamigen Viertel

Street theatre beside the Nikolai-Kirche, Berlin's oldest church
in the restored Nikolai Quarter

Théâtre de rue sur le parvis de la Nikolai-Kirche,
la plus ancienne église de Berlin
dans le quartier du même nom récemment restauré

Das Innere der Nikolai-Kirche, ein Bau aus dem
15. Jahrhundert, heute Museum und Konzertsaal

Inside the Nikolai-Kirche: the 15th century church
is now a museum and concert hall

L'intérieur de la Nikolai-Kirche datant du 15e siècle,
aujourd'hui musée et salle de concert

Das Ephraim-Palais im Nikolai-Viertel,
wieder aufgebaut mit der originalen Fassade

The Ephraim-Palais in the Nikolai Quarter,
now rebuilt with the original façade

Le Palais Ephraim dans le quartier de Nikolai,
reconstruit avec sa façade d'origine

Berlin-Mitte mit dem Fernsehturm
Berlin-Mitte, the city centre with the television tower
Le centre de Berlin avec la tour de la télévision

Blick vorbei am Kronprinzenpalais auf Zeughaus, Schloßbrücke und Dom

Looking past the Crown Prince's Palais towards the Arsenal, Palace Bridge and Cathedral

Le palais princier, avec vue sur le Zeughaus, le Schloßbrücke et la cathédrale

Friedrich der Große, hoch zu Roß mit Mantel und Dreispitz,
Denkmal von Christian Daniel Rauch auf der Straße »Unter den Linden«

Frederick the Great, riding his high horse, with cloak and cocked hat,
memorial by Christian Daniel Rauch on »Unter den Linden«

Frédéric le Grand à cheval, manteau et tricorne,
monument de Christian Daniel Rauch dans l'avenue »Unter den Linden«

Die West-Berliner City mit Bürohäusern, Banken und Hotels,
in der Mitte das Europa-Center

West Berlin city centre with office blocks, banks and hotels
surrounding the Europa Center

Le centre-ville de Berlin-Ouest avec ses immeubles abritant
des bureaux, banques et hôtels. Au centre, l'Europa-Center

Blick in das Innere der neuen Gedächtniskirche,
1959 bis 1961 von Egon Eiermann erbaut

Inside the new section of the Memorial Church,
built 1959–1961 to plans by Egon Eiermann

Intérieur de la nouvelle église érigée
de 1959 à 1961 par Egon Eiermann,
à côté de l'ancienne Eglise commémorative

Turmruine der alten Kaiser-Wilhelm-Gedächtniskirche,
erhalten als Mahnmal an den Zweiten Weltkrieg

Ruined tower of the old Kaiser Wilhelm Memorial Church
preserved in memory of the Second World War

Ruine de la tour de l'ancienne Kaiser-Wilhelm-Gedächtniskirche,
conservée pour commémorer la seconde guerre mondiale

Dächer am Kurfürstendamm,
im Hintergrund das Hochhaus des Ku'damm-Karrees

An impressive rooftop on Kurfürstendamm,
with the Ku'damm-Karree in the background

Sur les toits du Kurfürstendamm,
à l'arrière plan, l'immeuble du Ku'damm-Karree

Der »Weltkugel-Brunnen« von Joachim Schmettau
auf dem Breitscheidplatz,
ein beliebter Treffpunkt vor dem Europa-Center

»The Globe Fountain« by Joachim Schmettau,
at Breitscheidplatz,
a popular meeting place near the Europa Center

La fontaine de Joachim Schmettau, symbolisant le globe
terrestre, sur le Breitscheidplatz,
point de rencontre favori devant l'Europa-Center

Modeabteilung im KaDeWe, dem Kaufhaus des Westens,
dem größten Warenhaus des Kontinents

Ladies' fashions at the KaDeWe, or »Kaufhaus des Westens«,
the largest department store on the Continent

Département de mode du KaDeWe,
le plus grand magasin du continent

Das Café Kranzler am Kurfürstendamm,
ein traditionsreiches Berliner Kaffeehaus

Café Kranzler on Kurfürstendamm,
a Berlin coffee house rich in tradition

Le Café Kranzler sur le Kurfürstendamm,
café berlinois riche de tradition

Trödelmarkt an der Straße des 17. Juni
The flea-market on Strasse des 17. Juni
Marché aux puces, Straße des 17. Juni

Pflastermaler auf dem Kurfürstendamm
A pavement artist on the Kurfürstendamm
Peinture sur le pavé des trottoirs du Kurfürstendamm

Die »Paris Bar«, ein beliebtes Restaurant in der Kantstraße
The »Paris Bar«, a popular restaurant on Kantstrasse
Le »Paris Bar«, restaurant en vogue dans la Kantstraße

Skatturnier in der Hasenheide, einer Gaststätte in Neukölln

A »Skat« competition at the »Hasenheide«, a big pub and restaurant in Neukölln

Tournoi de skat dans le restaurant »Hasenheide« à Neukölln

Im Tiergarten, der »grünen Lunge« von Berlin, zwischen der Spree und dem Kulturforum

In the Tiergarten, Berlin's central park between the River Spree and the cultural forum

Le parc de Tiergarten, »poumon vert« entre la Spree et le Kulturforum

Die Kongreßhalle im Tiergarten,
1957 erbaut mit Hilfe der Benjamin-Franklin-Stiftung

The Congress Hall in the Tiergarten,
built in 1957 with the help of the Benjamin Franklin Foundation

Le Palais des congrès à Tiergarten,
construit en 1957 à l'aide de la Fondation Benjamin-Franklin

Das Giraffenhaus im Zoologischen Garten,
1844 als erster Zoo in Deutschland eröffnet

The Giraffe House in the Zoological Garden,
Germany's first zoo, founded in 1844

La maison des girafes au Jardin zoologique,
le premier zoo d'Allemagne inauguré en 1844

Ein aus China stammender Pandabär,
einer von rund 16.000 Bewohnern des Zoologischen Gartens

A giant panda from China,
one of Berlin Zoo's 16,000 inhabitants

Ours panda venu de Chine,
l'un des quelque 16.000 habitants du Jardin zoologique

Skulpturen von Joannis Avramidis und Alexander Calder auf der Terrasse der Nationalgalerie;
im Hintergrund links das Wissenschaftszentrum

Sculptures by Joannis Avramidis and Alexander Calder on the National Gallery terrace;
in the background to the left, the Social Science Research Center Berlin

Sculptures de Joannis Avramidis et Alexander Calder sur la terrasse de la Nationalgalerie,
à l'arrière plan sur la gauche, le Centre de recherche scientifique de Berlin

Skulpturen von Alberto Giacometti in der Nationalgalerie,
1965 bis 1968 nach Plänen von Mies van der Rohe errichtet

Works by Alberto Giacometti at the National Gallery,
built 1965–1968 to plans by Mies van der Rohe

Sculptures d'Alberto Giacometti dans la Nationalgalerie
construite de 1965 à 1968 d'après les plans de Mies van der Rohe

Ausstellung in der Nationalgalerie, in den Fenstern spiegelt
sich die St. Matthäus-Kirche, ein Bau von Friedrich
August Stüler

An exhibition at the National Gallery; in the windows
the reflection of the St. Mattäus Church designed by
Friedrich August Stüler

Exposition à la Nationalgalerie. Dans les baies vitrées,
reflet de la St. Matthäus-Kirche, église construite par
Friedrich August Stüler

»Jazz in the Garden«, eine schon zur Tradition gewordene Veranstaltung
im Skulpturengarten der Nationalgalerie

»Jazz in the Garden«, an established annual event in the Sculpture Garden
at the National Gallery

»Jazz in the Garden«, événement devenu tradition dans le jardin
des sculptures de la Nationalgalerie

Das Bauhaus-Archiv, Museum für Gestaltung,
1976 bis 1979 nach dem Entwurf von Walter Gropius errichtet

The Bauhaus Archive, Museum of Design,
built 1976–1979 to plans by Walter Gropius

Les archives du Bauhaus, musée de design,
construit de 1976 à 1979 d'après les plans de Walter Gropius

Das Shell-Haus, heute Verwaltungsgebäude der BEWAG,
1930/31 von Emil Fahrenkamp erbaut, ein Musterbeispiel moderner Bürohaus-Architektur

The Shell House, built to designs by Emil Fahrenkamp in 1930/31,
a prime example of modern office architecture,
now head office of the Berlin Electricity Company (BEWAG)

Construit en 1930/31 sous le nom de »Shell Haus« par Emil
Fahrenkamp, cet immeuble, exemple type d'architecture moderne,
abrite aujourd'hui les locaux administratifs de la
BEWAG, régie municipale d'approvisionnement en électricité

Zwei der Berliner S-Bahnhöfe: Nikolassee und Mexikoplatz

Two of the »S-Bahn« railway stations: Nikolassee and Mexikoplatz

Deux des gares de la »S-Bahn«, Nikolassee et Mexikoplatz

Das Empfangsgebäude des ehemaligen Hamburger Bahnhofs,
1845 bis 1847 erbaut, heute für Kunstausstellungen und Veranstaltungen genutzt

Entrance hall of the former mainline station, Hamburger Bahnhof,
built 1845–1847, now a cultural and exhibition centre

Le hall d'accueil de l'ancienne gare Hamburger Bahnhof,
construite de 1845 à 1847,
utilisé aujourd'hui pour des expositions et autres manifestations culturelles

Der »Ritterhof« in Kreuzberg,
ein großer Gewerbehof für mehrere Firmen

Entrance to the »Ritterhof« in Kreuzberg,
a large tradeyard complex with many firms

Le »Ritterhof« de Kreuzberg est un grand complexe
abritant entreprises et industries

Das Berliner Innovations- und Gründerzentrum (BIG),
eine ehemalige AEG-Fabrik im Bezirk Wedding

The Berlin Center of Innovation and New Enterprises (BIG),
formerly an AEG factory, in Wedding

Dans l'arrondissement de Wedding, une ancienne usine
d'AEG est aujourd'hui le siège du BIG,
centre berlinois pour les innovations et la création d'entreprises

Das Hochhaus der Schering AG im Bezirk Wedding

The Schering building in the district of Wedding

L'immeuble de Schering AG dans l'arrondissement de Wedding

Das Internationale Congress Centrum Berlin,
ein Bau von Ralf Schüler und Ursulina Witte, 1979 eröffnet

The International Congress Centre Berlin,
designed by Ralf Schüler and Ursulina Witte, was opened in 1979

ICC Berlin-Centre international des congrès,
construit par Ralf Schüler et Ursulina Witte, inauguré en 1979

Wohnbauten der Postmoderne in Kreuzberg und Tegel
aus dem Jahr 1987 für die Internationale Bauausstellung

Post-Modernism in Kreuzberg and Tegel:
apartment blocks built for the
International Building Exhibition in 1987

Appartements post-modernes à Kreuzberg et à Tegel,
construits en 1987 pour l'Exposition internationale d'architecture

Das Wissenschaftszentrum Berlin für Sozialforschung, ein Bau von
James Stirling am Kulturforum

The Social Science Research Centre designed by James Stirling near the
cultural forum

Le Centre de sciences sociales, construit par James Stirling près du
Kulturforum

Turbinenbau bei ABB Bergmann-Borsig im Werk Berlin-Wilhelmsruh

Turbine construction at ABB Bergmann-Borsig in Berlin-Wilhelmsruh

Turbines en construction chez ABB Bergmann-Borsig dans l'usine de Berlin-Wilhelmsruh

Fahrsimulator der Daimler-Benz AG im Werk
Berlin-Marienfelde

The Daimler-Benz simulator at the company's plant
in Berlin-Marienfelde

Simulateur de conduite de Daimler-Benz AG dans l'usine
de Berlin-Marienfelde

Endmontage großer Drehstrommaschinen in dem
Dynamowerk der Siemens AG in Berlin

Electricity generators on the assembly line at the
Siemens Dynamo Works in Berlin

Montage final de générateurs à courant triphasé dans
l'usine à dynamo de Siemens AG à Berlin

Produktion von BMW-Motorrädern
in der Bayerischen Motoren Werke AG in Spandau

Production of BMW motorbikes
at the Bayerische Motoren Werke in Berlin-Spandau

Production de motos dans l'usine BMW située à Spandau

Große Rundhalle bei BESSY, der Berliner
Elektronenspeicherring Gesellschaft für Synchrotronstrahlung

Main hall of BESSY, the Berlin electron storage ring for
synchrotron radiation

Le grand hall circulaire de la société berlinoise BESSY,
anneau de stockage d'électrons pour la radiation synchrotron

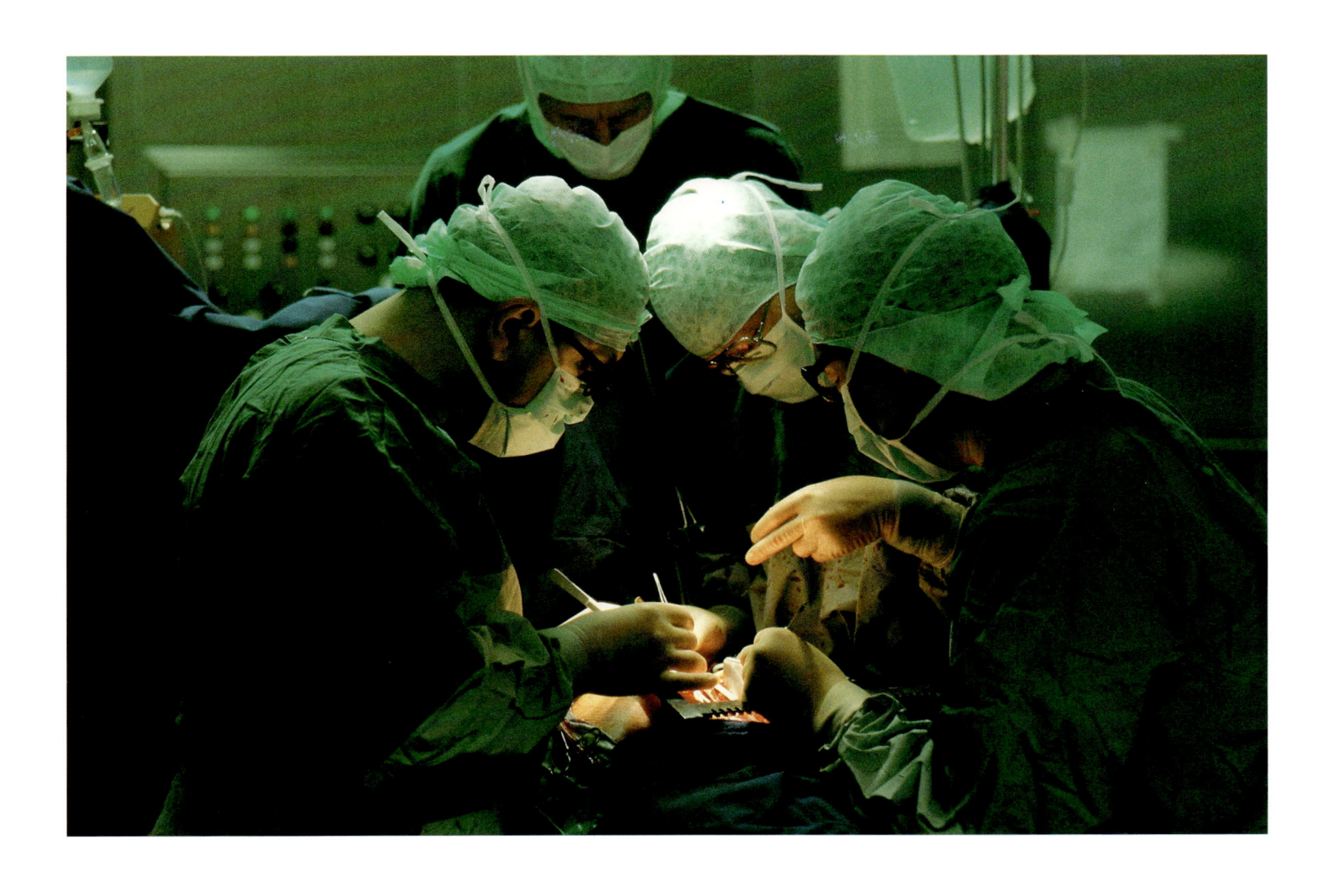

Herztransplantation im Deutschen Herzzentrum Berlin unter
Leitung von Professor Dr. Roland Hetzer

Heart transplant operation at the Deutsches Herzzentrum Berlin,
the heart centre headed by Professor Dr. Roland Hetzer

Transplantation cardiaque au Deutsches Herzzentrum Berlin,
centre de cardiologie sous la direction de Prof. Dr. Roland Hetzer

Produktionstechnisches Zentrum Berlin,
in dem die automatisierte »Fabrik der Zukunft« entwickelt wird

The Production Technology Centre Berlin
where the automated »factory of the future« is under development

Le Produktionstechnisches Zentrum Berlin,
institut dans lequel est élaborée »l'usine de l'avenir« entièrement automatisée

Das Gebäude des Produktionstechnischen Zentrums, eine gemeinsame Einrichtung
der Technischen Universität Berlin und der Fraunhofer-Gesellschaft

The Production Technology Centre, a joint venture of the
Technical University Berlin and the Fraunhofer Society

Bâtiment du Centre technique de production, institut commun
de l'Université technique de Berlin et de la Fraunhofer Gesellschaft

Riehmers Hofgarten im Bezirk Kreuzberg,
ein eindrucksvoller Wohnkomplex, 1881 bis 1892 erbaut

Riehmers Hofgarten, an impressive garden court complex in Kreuzberg,
built 1881–1892

Dans l'arrondissement de Kreuzberg, le Riehmers Hofgarten
est un complexe résidentiel impressionnant, construit entre 1881 et 1892

Fünfgeschossige Mietshäuser mit klassizistischen Fassaden in Kreuzberg,
typisch für die Zeit der Jahrhundertwende

Five-storey tenement houses in Kreuzberg with classicist façades,
typical turn of the century architecture

Façades d'immeubles à cinq étages, de style néo-classique,
architecture typique aux alentours de 1900

Sehnsucht nach Sonne und Grün

The city dweller's yearning for sunshine and greenery

Nostalgie de soleil et de verdure

Dachidylle in Steglitz

An idyllic little suntrap on a rooftop in Steglitz

Idylle sur les toits de Steglitz

Türkische Hochzeit in Kreuzberg, einem Bezirk mit
40.000 Ausländern, überwiegend Türken

A Turkish wedding in Kreuzberg, a district which includes
40,000 foreigners, mostly from Turkey

Mariage turc à Kreuzberg, arrondissement comptant
40.000 étrangers, Turcs essentiellement

Türken, die als gläubige Mohammedaner auch in der Fremde
ihre Gebete verrichten

Turkish men who, as practising Muslims, collect for prayer in
their new surroundings

Turcs pratiquant leur foi musulmane, même à l'étranger

Jüdischer Gottesdienst in einer Synagoge

Worship at a synagogue

Service juif dans une synagogue

Griechisch-orthodoxer Ostergottesdienst

Celebrating Easter at a Greek Orthodox church

Service pascal de rite grec orthodoxe

Das Maxim Gorki Theater im alten Gebäude der Sing-Akademie
The Maxim Gorki Theater in the former premises of the Sing-Akademie
Le théâtre Maxim Gorki dans l'ancien bâtiment de la Sing-Akademie

Kuppel der teilrestaurierten Neuen Synagoge an der Oranienburger Straße, ein 1866 nach Plänen von Eduard Knoblauch vollendeter und 1943 durch einen Bombenangriff zerstörter Bau

The dome of the partially restored New Synagogue in Oranienburger Strasse. The building, designed by Eduard Knoblauch, was opened in 1866 and suffered heavy bomb damage in 1943

Coupole de la nouvelle synagogue en partie restaurée, Oranienburger Straße – achevée en 1866 d'après les plans de Eduard Knoblauch et détruite sous les bombes en 1943

Szene aus dem Stück »Hamletmaschine« von Heiner Müller im Deutschen Theater
Scene from the play »Hamletmaschine« by Heiner Müller at the Deutsches Theater
Hamletmaschine, mise en scène de Heiner Müller au Deutsches Theater

Zwei wichtige Häuser der Schauspielkunst: das Deutsche Theater und die Kammerspiele

Two major theatres: the Deutsches Theater and the Kammerspiele

Deux hauts lieux du théâtre berlinois: le Deutsches Theater et les Kammerspiele

Szene aus dem Stück »Linie 1«, einer musikalischen Revue
des Kinder- und Jugendtheaters Grips im Hansaviertel

A scene from »Linie 1«, a musical revue by the children's
and youth theatre group »Grips« in the Hansaviertel

Scène tirée de »Linie 1«, revue musicale du Grips Theater,
théâtre pour les jeunes dans le quartier Hansaviertel

Szene aus dem Stück »Die Möwe« von Tschechow im Schiller Theater
A scene from »The Seagull« by Tchekhov at the Schiller Theater
Une scène de »La Mouette« de Tchekhov au Schiller Theater

Szene aus »Hoffmanns Erzählungen« mit dem Herrenchor
der Deutschen Oper Berlin

A scene from »The Tales of Hoffmann« with
the male voice choir of the Deutsche Oper Berlin

Scène des Contes fantastiques d'Hoffmann, avec le chœur
masculin de la Deutsche Oper Berlin

Szene aus Shakespeares »Hamlet« in der Schaubühne
A scene from Shakespeare's »Hamlet« at the Schaubühne
Une scène de »Hamlet« de Shakespeare à la Schaubühne

Das Portal der Deutschen Staatsoper,
1741 bis 1743 unter Friedrich II., dem Großen, erbaut

Portal of the Deutsche Staatsoper, the State Opera House
built 1741–1743 under Frederick II, the Great

Portique de l'Opéra Deutsche Staatsoper, érigé entre
1741 et 1743 sous le règne de Frédéric le Grand

Blick in das Innere der Deutschen Staatsoper,
die im Krieg völlig zerstört worden war

Inside the State Opera House
which was completely destroyed during the Second World War

Intérieur de la Deutsche Staatsoper
qui avait été complètement détruite pendant la guerre

Das wiederhergestellte Ensemble auf dem historischen Gendarmenmarkt: das Schauspielhaus und der Französische Dom, ab 1780 nach Plänen von Karl Gontard umgestaltet

The restored ensemble of buildings at the historic Gendarmenmarkt: the Schauspielhaus and the French Cathedral, restructured after 1780 to plans by Karl Gontard

Ensemble historique du Gendarmenmarkt, aujourd'hui restauré: Schauspielhaus et Französische Dom, reconstruits à partir de 1780 d'après les plans de Karl Gontard

Konzert im ehemaligen Schauspielhaus

Concert in the Schauspielhaus, a former theatre

Concert au Schauspielhaus, ancien grand théâtre

Der Kammermusiksaal neben der Philharmonie,
1987 nach einer Entwurfsskizze von Hans Scharoun fertiggestellt

The Kammermusiksaal next to the Philharmonie, a chamber
music hall built 1987 and based on designs by Hans Scharoun

La nouvelle salle de musique de chambre à côté de la Philharmonie,
achevée en 1987 d'après les projets de l'architecte Hans Scharoun

Konzert des Berliner Philharmonischen Orchesters im Kammermusiksaal
The Berlin Philharmonic Orchestra in concert at the Kammermusiksaal
Concert de l'Orchestre philharmonique de Berlin au Kammermusiksaal

Konzert des Berliner Philharmonischen Orchesters
unter Leitung von Claudio Abbado

The Berlin Philharmonic Orchestra in concert,
led by Claudio Abbado

Concert de l'Orchestre philharmonique de Berlin
sous la direction de Claudio Abbado

Konzert im Musikinstrumenten-Museum,
das zum Staatlichen Institut für Musikforschung gehört

A concert in the Musical Instrument Museum
which belongs to the State Institute for Musical Research

Concert au Musée des instruments de musique
faisant partie de l'Institut national de la recherche musicale

Eine der zahlreichen großen Diskotheken
One of the numerous discotheques
Une des nombreuses grandes discothèques

Konzert des Berliner Philharmonischen Orchesters
in der Waldbühne

The Berlin Philharmonic Orchestra in concert
at the Waldbühne

Concert en plein air – l'Orchestre philharmonique de Berlin
à la Waldbühne

Rhythmus und Chic auf der Bühne des Friedrichstadtpalastes

Rhythm and style on stage at the Friedrichstadtpalast

Rhythme et chic sur la scène du Friedrichstadtpalast

Revue im Friedrichstadtpalast
Show at the Friedrichstadtpalast
Show au Friedrichstadtpalast

Schloß Bellevue, der Berliner Amtssitz des Bundespräsidenten im 1785
fertiggestellten Bau am Spreeweg

Bellevue Palace, the Federal President's official residence in Berlin, was built
on Spreeweg in 1785

Le château de Bellevue, Spreeweg, résidence officielle du Président de la
République fédérale, achevé en 1785

Blick auf die barocke Anlage von Schloß und Park Charlottenburg,
1695 bis 1791 entstanden

View of the great baroque complex of Charlottenburg Palace
and grounds,
developed 1695–1791

Vue sur le Château de Charlottenburg et ses jardins,
ensemble baroque édifié de 1695 à 1791

Friedrich der Große, preußischer König von 1740 bis 1786,
Skulptur von Johann Gottfried Schadow vor dem Schloß Charlottenburg

Frederick the Great, Prussian King 1740–1786,
sculpture by Johann Gottfried Schadow in front of Charlottenburg Palace

Frédéric le Grand, roi de Prusse de 1740 à 1786,
sculpture de Johann Gottfried Schadow devant le Château de Charlottenburg

Der Goldene Saal im Neuen Flügel von Schloß Charlottenburg,
erbaut unter Friedrich dem Großen

The »Golden Hall« in the New Wing of Charlottenburg Palace,
built under Frederick the Great

La Galerie dorée dans l'aile nouvelle du Château de Charlottenburg,
bâtie sous le règne de Frédéric le Grand

Das Literaturhaus in der Fasanenstraße, ein Ort für Diskussionen,
Lesungen und Geselligkeit, mit Café und Buchhandlung

The Literaturhaus in Fasanenstrasse, a rendezvous for cultural discussions
and readings, with a pleasant café and bookshop

La Maison de la littérature avec son café et sa librairie dans la Fasanenstraße,
lieu de rencontre, d'échanges, de lecture et de discussions

Der Maler K.R.H. Sonderborg in der Galerie Nothelfer,
einer wichtigen Galerie für moderne Kunst

The artist K.R.H. Sonderborg in the Galerie Nothelfer,
an important modern art gallery

Le peintre K.R.H. Sonderborg dans la Galerie Nothelfer,
l'une des importantes galeries d'art moderne

Der Maler Matthias Koeppel und das von ihm geschaffene Wandgemälde für das Rathaus Schöneberg

The artist, Matthias Koeppel, in front of his mural in Schöneberg Town Hall

Le peintre Matthias Koeppel devant sa peinture murale à l'Hôtel de ville de Schöneberg

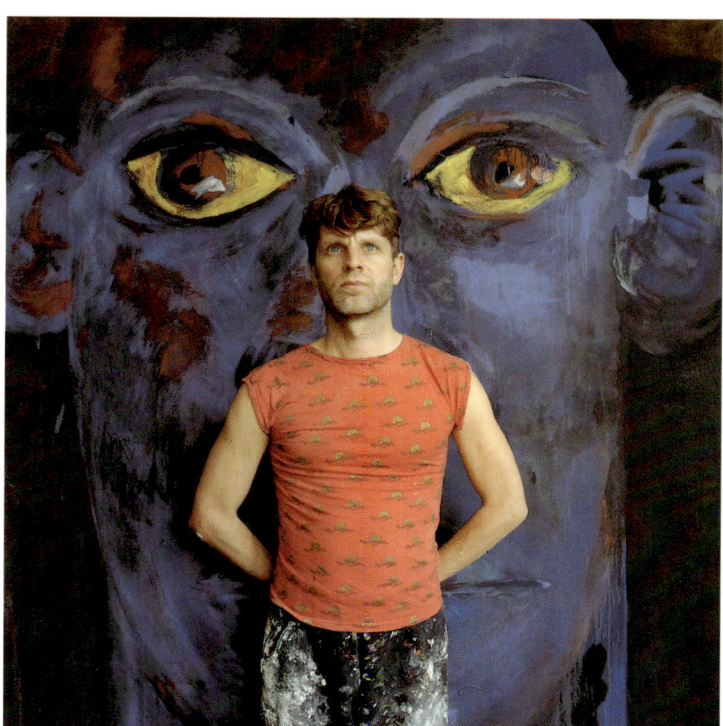

Vier Berliner Maler von internationalem Rang:
Fred Thieler, K.H. Hödicke, Rainer Fetting, Volker Stelzmann

Four Berlin artists of international standing:
Fred Thieler, K.H. Hödicke, Rainer Fetting, Volker Stelzmann

Quatre peintres berlinois de renom international:
Fred Thieler, K.H. Hödicke, Rainer Fetting, Volker Stelzmann

Der Maler Harald Metzkes mit seinem 1991 entstandenen Bild »Fenster am Pariser Platz«

The artist, Harald Metzkes, with »Window at Pariser Platz«, painted in 1991

Le peintre Harald Metzkes avec son tableau peint en 1991 »Fenêtre sur Pariser Platz«

Trak Wendisch, Berliner Bildhauer und Maler, in seinem Atelier
The Berlin sculptor and painter, Trak Wendisch, in his studio
Trak Wendisch, sculpteur et peintre berlinois dans son atelier

Eins der rund hundert Gemälde der East Side Gallery, an die Ereignisse im
Jahr 1989 erinnernd

Memories of the Wall: one of about a hundred paintings preserved at the East
Side Gallery

L'une des quelque cent peintures de l'East Side Gallery évoquant les
événements de 1989

Ein weiteres Beispiel auf der 1,3 Kilometer langen East Side Gallery in Berlin-Friedrichshain

Another example of wall-art at the 1.3-kilometre-long East Side Gallery in Berlin-Friedrichshain

Autre exemple de l'East Side Gallery s'étendant sur 1,3 kilomètre dans l'arrondissement de Friedrichshain

Der Martin-Gropius-Bau, einst Kunstgewerbemuseum,
heute Berlins schönstes Ausstellungsgebäude

The Martin-Gropius-Bau, once the Arts and Crafts Museum,
now Berlin's handsomest exhibition centre

Le Martin-Gropius-Bau, autrefois musée d'artisanat,
aujourd'hui le plus beau centre d'expositions de Berlin

Die große Joseph Beuys-Ausstellung im Martin-Gropius-Bau
im Rahmen von Berlin – Kulturstadt Europas 1988

The Joseph Beuys exhibition in the Martin-Gropius-Bau,
a contribution to: Berlin – Cultural City of Europe 1988

La grande exposition Joseph Beuys au Martin-Gropius-Bau
dans le cadre de Berlin – ville européenne de la culture 1988

Das Museum für Völkerkunde in Berlin-Dahlem: Südsee-Abteilung
In the South Seas section of the Ethnological Museum in Berlin-Dahlem
Musée d'ethnologie au Musée de Dahlem: département des Mers de Sud

Das Museum für Völkerkunde: Blick in die Abteilung
der mittelamerikanischen Archäologie

In the Central American Archaeology section
of the Ethnological Museum in Berlin-Dahlem

Musée d'ethnologie: vue sur le département d'archéologie
d'Amérique centrale

Die Rotunde des Alten Museums am Lustgarten, 1823 bis 1829 nach
Entwürfen von Karl Friedrich Schinkel erbaut, nach Kriegszerstörung 1966
wiedereröffnet

The rotunda of the Altes Museum near the Lustgarten was built 1823–1829 to
designs by Karl Friedrich Schinkel, badly damaged in the war and reopened in
1966

La rotonde de l'Altes Museum, am Lustgarten, érigé de 1823 à 1829 d'après les
plans de Karl Friedrich Schinkel, détruit pendant la guerre et réouvert en 1966

Blick in die ionische Säulenhalle des Alten Museums

The hall of Ionic pillars in the Altes Museum

Altes Museum – vue sur la salle des colonnades ioniques

Der weltberühmte Altar von Pergamon aus dem
2. Jahrhundert v. Chr. im Pergamon-Museum

The world famous Pergamon Altar from the 2nd century B.C.,
in the Pergamon Museum

L'autel de Pergame de réputation mondiale, datant du
2ᵉ siècle av. J.-C., au Pergamon-Museum

Die Nationalgalerie, nach Plänen von Friedrich August Stüler
1866 bis 1876 durch Johann Heinrich Strack errichtet

The National Gallery, built 1866–1876 by Johann Heinrich Strack
to designs by Stüler

La Nationalgalerie, construite de 1866 à 1876 par Johann Heinrich Strack
d'après les plans de Stüler

Blick in die Kleine Galerie des Bode-Museums, des früheren Kaiser-
Friedrich-Museums, 1897 bis 1904 nach einem Entwurf von Ernst Eberhard
von Ihne errichtet

The Kleine Galerie in the Bode-Museum, formerly Kaiser-Friedrich-
Museum, built 1897–1904 to designs by Ernst Eberhard von Ihne

»Kleine Galerie« au Bode-Museum, ancien musée de l'Empereur Guillaume,
érigé de 1897 à 1904 d'après les plans de Ernst Eberhard von Ihne

Nofretete, das Glanzstück des Ägyptischen Museums der Staatlichen Museen zu Berlin – Preußischer Kulturbesitz, 1912 bei Ausgrabungen in Tell el-Amarna gefunden

The bust of Nefertiti was found during excavations at Tell el-Amarna in 1912 and is the prize possession of the Egyptian Museum, one of the Prussian State Museums in Berlin

La Néfertiti, le joyau du Musée égyptien, l'un des Musées d'Etat du Patrimoine culturel prussien, trouvée en 1912 dans les fouilles de Tell el-Amarna

Das Jagdschloß Grunewald am Grunewaldsee,
im 16. Jahrhundert für Kurfürst Joachim II. erbaut

Grunewald Hunting Lodge on Grunewald Lake,
built in the 16th century for Prince Elector Joachim II

Le pavillon de chasse près du lac de Grunewald,
construit au 16ᵉ siècle par le prince-électeur Joachim II

Hubertusjagd im Grunewald, dem größten Berliner Forst,
mit seinen Seen und dem Havelufer ein beliebtes Ausflugsziel

The Hubertus Hunt in the Grunewald, Berlin's largest forest,
a popular recreation area with beautiful lakeland scenery

La Saint Hubert dans le Grunewald, la plus grande forêt berlinoise,
un des lieux d'excursion favori, avec ses lacs et les longues rives de la Havel

Das Schloß Tegel, seit 1766 im Besitz der Familie von Humboldt,
1824 umgebaut durch Karl Friedrich Schinkel

Schloss Tegel has belonged to the von Humboldt family since 1766;
present design by Karl Friedrich Schinkel, 1824

Le Château de Tegel, propriété de la famille von Humboldt depuis 1766,
restauré en 1824 par Karl Friedrich Schinkel

Die Löwenfontäne vor dem Schloß Kleinglienicke,
1825 bis 1828 durch Karl Friedrich Schinkel neugestaltet

The Lion Fountain in front of Kleinglienicke Palace which
Karl Friedrich Schinkel redesigned 1825–1828

La fontaine aux lions devant le Château de Kleinglienicke,
restauré par Karl Friedrich Schinkel de 1825 à 1828

Antike Statue am Kasino im Glienicker Schloßpark,
einer harmonischen Verbindung von Architektur und Landschaft

Graeco-Roman statue near the Casino in Glienicke park,
a harmonious combination of architecture and landscape

Statue antique au Schinkel Casino dans le parc du Château de Glienicke,
harmonieuse alliance d'architecture et de nature

Der Kasinobau mit Pergola oberhalb der Havel,
1824 als erstes Werk Schinkels in Glienicke entstanden

The »Casino« and Pergola overlooking the Havel was
Schinkel's first work at Glienicke, 1824

Le Casino avec sa pergola dominant la Havel,
première œuvre architecturale de Schinkel à Glienicke en 1824

Die Kirche St. Peter und Paul zu Nikolskoe, 1834 bis 1837
nach Entwürfen von Friedrich August Stüler und Albert Dietrich Schadow erbaut

Church of St. Peter and St. Paul at Nikolskoe, built 1834–1837
to designs by Friedrich August Stüler and Albert Dietrich Schadow

L'Eglise St. Peter und Paul à Nikolskoe, bâtie entre 1834 et 1837
d'après les plans de Friedrich August Stüler et Albert Dietrich Schadow

Blick vom Glockenturm der Heilandskirche zu Sacrow

View from the bell tower of the Heilandskirche at Sacrow

Vue du clocher de la Heilandskirche de Sacrow

In der Meierei auf der Pfaueninsel, 1795 in den Formen einer
phantastischen Gotik erbaut

Inside the dairy on Peacock Island, built 1795 in fantasy
Gothic style

A l'intérieur de la »Meierei« – littéralement »la laiterie« –
édifice de style néo-gothique construit sur l'Ile aux paons en 1795

Das Kavalierhaus auf der Pfaueninsel,
1826 von Karl Friedrich Schinkel erweitert und neugestaltet

The Cavalier House on Peacock Island,
modernized and extended by Karl Friedrich Schinkel in 1826

Sur l'Ile aux paons, le »Kavalierhaus«,
agrandi et restauré par Karl Friedrich Schinkel en 1826

Das Strandbad Wannsee an einer Ausbuchtung der Havel,
im Sommer Tummelplatz für Zehntausende

The Wannsee Beach, set in a bay on the Havel and visited
by tens of thousands on hot summer days

La plage de Wannsee dans une baie de la Havel
attire des dizaines de milliers de personnes en été

Freizeitvergnügen mit Paddelboot und Amphicar
auf dem Tegeler See

Fun and relaxation: a canoe and an amphicar on Tegel Lake

Joies de plein air – barque et amphicar sur le lac de Tegel

Blick auf die Spandauer Zitadelle,
einen Festungsbau aus dem 16. Jahrhundert, von Wasser umgeben

View of Spandau Citadel,
a 16th century stronghold surrounded by water

Vue sur la Citadelle de Spandau,
forteresse du 16ᵉ siècle entourée d'eau

»Old Texas Town«, eine Freizeitstadt des
Spandauer Cowboy-Clubs

»Old Texas Town«, built by the Spandau Cowboy Club,
offers amusement and recreation

»Old Texas Town«, véritable ville de loisirs du
cowboy-club de Spandau

Galopprennbahn Hoppegarten, östlich von Berlin gelegen
Hoppegarten race course to the east of Berlin
La piste de course de chevaux, Hoppegarten, à l'Est de Berlin

Marathonlauf auf der Straße Unter den Linden

The Berlin marathon on Unter den Linden

Marathon sur l'avenue Unter den Linden

Blick auf die Schloßinsel Köpenick
View of the palace island at Köpenick
Vue sur l'île du château à Köpenick

Schloß Köpenick, auf einer älteren Burgstätte ab 1677 durch Rutger von Langerfeld erbaut, dient als Kunstgewerbemuseum

Köpenick Palace, built on an old castle site by Rutger von Langerfeld in 1677, now serves as an Arts and Crafts Museum

Le Château de Köpenick, sur l'ancienne place forte construite à partir de 1677 par Rutger von Langerfeld, abritant aujourd'hui un musée d'art artisanal

Der »Tierpark Berlin« auf dem Gelände des ehemaligen Schloßparks Friedrichsfelde

The »Tierpark Berlin« zoo in the former Friedrichsfelde palace grounds

Zoo »Tierpark Berlin« dans l'ancien parc du château de Friedrichsfelde

Das »Lustschloß« Friedrichsfelde nach erfolgter Restaurierung

Friedrichsfelde »Château de plaisante« after restoration

Le château, appelé »Lustschloß«, de Friedrichsfelde après sa restauration

Blick auf den Müggelsee

View of lake Müggelsee

Vue sur le Müggelsee

Über die Autoren

MANFRED HAMM, geb. 1944 in Zwickau, lebt als Fotograf in Berlin und arbeitet für deutsche und ausländische Kunstverlage. Bei Nicolai erschienen u. a. die Titel: Berlin – Denkmäler einer Industrielandschaft (1978); Caféhäuser (1979); Tote Technik (1981); Bahnhöfe (1984); Lissabon (1988) und Schlösser und Gärten in Potsdam (1991). Für seine Arbeiten wurde Manfred Hamm mehrfach mit dem Kodak Fotobuchpreis ausgezeichnet.

MANFRED HAMM, born 1944 in Zwickau, lives in Berlin as a photographer. He works for German and overseas art publishers. Major publications include: Berlin – Monuments of an Industrial Landscape (Nicolai, 1978); Coffee Houses of Europe (Thames and Hudson, 1980); Dead Tech (Sierra Club Books, 1982), Great Railway Stations of Europe (Thames and Hudson, 1984); Lisbon (Nicolai, 1988) and Schlösser und Gärten in Potsdam (Nicolai, 1991). Manfred Hamm has been awarded the Kodak Photo Book Prize several times for his work.

MANFRED HAMM, né en 1944 à Zwickau. Photographe, il vit à Berlin et travaille pour des maisons d'édition d'art allemandes et étrangères. Chez Nicolai sont parus entre autres les titres suivants: Berlin – Denkmäler einer Industrielandschaft (1978); Caféhäuser (1979); Tote Technik (1981); Bahnhöfe (1984); Lisbonne (1988) et Schlösser und Gärten in Potsdam (1991). Manfred Hamm a reçu à plusieurs reprises le prix du livre de photographies décerné par Kodak.

GÜNTER SCHNEIDER, geb. 1955 in Vöhrum/Niedersachsen, lebt und arbeitet in Berlin. Nach dem Abitur Fotografenausbildung am Lette-Verein, Sportfotograf in Düsseldorf und Lokalreporter in Berlin. Seit 1980 freiberuflich tätig für Zeitschriften und Verlage im In- und Ausland. Bei Nicolai erschienen von ihm die Bildbände: Spandau – Ein Bezirk von Berlin (1989); Cottbus (1991); Berlin aus der Luft (1991); Porto (1991) und Macau (1992). Eigenes Bildarchiv mit Schwerpunkt Berlin und östliche Bundesländer.

GÜNTER SCHNEIDER, born in 1955 in Vöhrum/Lower Saxony, lives and works in Berlin. After leaving school he trained as a photographer at the Lette-Verein then worked as a sports photographer in Düsseldorf and as a local reporter in Berlin. He has worked freelance since 1980 for periodicals and publishing houses in Germany and abroad. Publications include the picture volumes for Nicolai: Spandau – Ein Bezirk von Berlin (1989); Cottbus (1991); Berlin from the Air (1991); Porto (1991) and Macau (1992). His personal picture archive lays special emphasis on Berlin and the eastern federal states.

GÜNTER SCHNEIDER, né en 1955 à Vöhrum/Basse-Saxe, vit et travaille à Berlin. Après avoir passé le Baccalauréat, il a suivi une formation de photographe au Lette-Verein. Il a été photographe sportif à Düsseldorf et reporter local à Berlin. Depuis 1980, il travaille à son compte pour diverses revues et maisons d'édition en Allemagne et à l'étranger. Aux éditions Nicolai, il a publié les volumes illustrés suivants: Spandau – Ein Bezirk von Berlin (1989); Cottbus (1991); Berlin aus der Luft (1991); Porto (1991) et Macau (1992). Il a constitué des archives photographiques personnelles consacrées en majeure partie à Berlin et à la partie Est de l'Allemagne.

HAGEN SCHULZE, geb. 1943 in Tanger/Marokko, habilitierte sich 1977 für das Fach Neuere Geschichte. 1979–89 Professor für Neuere Geschichte an der Freien Universität Berlin, seit 1989 ordentlicher Professor für Neuere Geschichte an der Universität der Bundeswehr München. Wichtige Veröffentlichungen: Otto Braun oder Preußens demokratische Sendung (1977); Weimar. Deutschland 1917–1933 (1982); Der Weg zum Nationalstaat (1985); Wir sind, was wir geworden sind (1987); Gibt es überhaupt eine deutsche Geschichte? (1989); Die Wiederkehr Europas (1991).

HAGEN SCHULZE, born 1943 in Tangier, Marocco. He habilitated in 1977 in Modern History and Historiography. 1979–89 Professor of Modern History at Berlin Free University. Since 1989, Professor of Modern History at the Bundeswehr University in Munich. Major Publications include: Otto Braun oder Preußens demokratische Sendung (1977); Weimar. Deutschland 1917–1933 (1982); Der Weg zum Nationalstaat (1985); Wir sind, was wir geworden sind (1987); Gibt es überhaupt eine deutsche Geschichte? (1989); Die Wiederkehr Europas (1991).

HAGEN SCHULZE, né en 1943 à Tanger/Maroc. Agrégation d'histoire moderne et contemporaine en 1977. 1979–89 chaire de professeur agrégé d'histoire moderne à l'Université libre de Berlin, depuis 1989 chaire de professeur agrégé d'histoire moderne à l'Université de la Bundeswehr à Munich. Publications essentielles: Otto Braun oder Preußens demokratische Sendung (1977); Weimar. Deutschland 1917–1933 (1982); Der Weg zum Nationalstaat (1985); Wir sind, was wir geworden sind (1987); Gibt es überhaupt eine deutsche Geschichte? (1989); Die Wiederkehr Europas (1991).

Fotonachweis

MANFRED HAMM
46, 61, 62, 72, 74, 75, 78, 79, 80, 81, 82, 83, 84, 85, 86, 94, 95, 96, 116, 126, 127, 128, 129, 130, 131, 136, 138, 139, 148, 150, 151, 152, 155

GÜNTER SCHNEIDER
Titel, 2/3, 4/5, 6/7, 8/9, 37 unten, 38 unten, 41 oben, 42, 43, 44, 45, 47, 48, 49, 50, 51, 52, 53, 54, 55, 56, 57, 58, 59, 60, 63, 64, 65, 66, 67, 68, 69, 70, 71, 73, 76, 77, 87, 88, 89, 90, 91, 92, 93, 97, 98, 99, 100, 101, 102, 103, 104, 105, 106, 107, 108, 109, 110, 111, 112, 113, 114, 115, 117, 118, 119, 120, 121, 122, 123, 124, 125, 132, 133, 134, 135, 137, 140, 141, 142, 143, 144, 145, 146, 147, 149, 153, 154, 156, 157, 158, 159, 160, 161, 162, 163, 164, 165, 166

LANDESBILDSTELLE BERLIN
13, 14, 17, 18, 21, 22, 25, 26, 29, 30, 33 oben, 34 oben, 37 oben

ULLSTEIN BILDERDIENST, BERLIN
33 unten, 34 unten, 38 oben, 41 unten

4. Auflage 1993

Herausgegeben von
den Verlagen Ullstein und Nicolai
in Zusammenarbeit mit dem
Presse- und Informationsamt des
Landes Berlin

© der überarbeiteten Auflage 1992
 by Verlag Ullstein GmbH,
 Frankfurt am Main · Berlin, und
 Nicolaische Verlagsbuchhandlung
 Beuermann GmbH, Berlin

Alle Rechte vorbehalten
Englische Fassung: Ann Robertson
Französische Fassung: Anne-Marie Geyer
Satz: Nagel Fototype, Berlin
Lithographie: ORT Kirchner+Graser GmbH, Berlin
Druck: H. Heenemann GmbH, Berlin
Einband: Lüderitz & Bauer GmbH, Berlin
Printed in Germany 1992
ISBN 3 550 07696 7